JN308322

不動産会社はワインを売れ！

今すぐ**客単価**を伸ばせる新発想

(株)船井総合研究所　執行役員
柳楽仁史 著
Hitoshi Nagira

全国賃貸管理ビジネス協会　副会長
(株)明和不動産　代表取締役
川口雄一郎 監修
Yuichiro Kawaguchi

SOGO HOREI PUBLISHING CO., LTD

まえがき

最近、あちこちでこんな話を耳にする。

「来店客が減った」

「客単価が下がった」

「在庫が減らない（空室が埋まらない）」

いま、多くの企業が厳しい局面に立たされている。確かに、昨今の経済環境や景況はよくない。

しかし、好況期の先には不況期が待っており、不況期の先には必ず好況期が待っている。歴史を振り返ってみても、次の時代を担う新しい業態やビジネスモデルの数々は、不況期に誕生して、次の好況期に大きく開花している。厳しい局面においてこそ、生き残りを賭けたイノベーションに果敢にチャレンジする企業が現れる。

好況期の浮かれたムードに流されることなく、やがて訪れる不況期に備えていた企業は、景況が厳しい昨今においても逞しく生き延びている。同様に、不況期の悲観的な空気に呑まれることなく、厳しい状況に耐えつつも、業態や体質の転換に果敢にチャレンジしている企業が、次の好況期に大きく羽ばたくのではないだろうか。

しかし、変革やイノベーションというのは「言うが易し、行うが難し」である。
「社員がこれまでのやり方に固執して、新しいことをやろうとしない」
「方策が一旦は実行されても、長続きしない」

生き残りを賭けて新たな方策を打ち出しても、それを実行に移す際には必ずと言っていいほど「組織の抵抗」に直面する。この組織抵抗の壁を打ち破ってこそ、戦略や方策が成果として結実する。

本書では、不況期における業態転換の必要性、その具体的方策、組織への展開方法などについて、筆者が特に深く関与させていただいている「不動産賃貸業」を実例に挙げながら解説させていただきたい。

本書の執筆と発刊にあたっては、「全国賃貸管理ビジネス協会」のご関係者諸氏の並々ならぬご協力と惜しみない情報提供をいただいている。まず最初に、同協会の高橋誠一会長、そして本書の監修者でもある川口雄一郎副会長に、この場を借りて心から厚く御礼を申し上げなくてはならない。

同協会では、業界の健全発展と会員企業の成長を目的として、様々な委員会活動に積極的に取り組んでいる。中でも特に活発な活動を行っている「新事業新商品開発委員会」では、会員企業の業績向上、そして入居者・家主の満足度向上を目的として、様々な周辺商品（以下、付帯商品）の発掘と開発、ひいてはその提供手法の研究を行っており、筆者もコンサルタントという立場でそのサポートに携わらせていただいている。

同委員会が提唱するビジネスモデルによって実際に業績が飛躍的に改善・向上した企業は数多く存在し、筆者もそれを目の当たりにしてきた。本書ではその現場活動にフォーカスし、具体的かつ即実行に移せるノウハウやヒントを本書でわかりやすく伝えることができれば幸いである。なお、本文で紹介したいくつかの事例は、同協会が発行する『賃貸管理ビジネスＮＡＶＩ付帯商品導入事例集』から引用させていただいた。

（本書の構成）

また本書は、よりリアルに現場での活動内容や各種ノウハウの活用方法をお伝えするために、前半をドキュメンタリー小説、後半をその解説編、という構成にさせていただいた。

小説のストーリーはほぼフィクションであるが、多くは私が現場で目の当たりにしてきた出来事や経験をベースに描いている。同様に、登場人物についても、実在の人物をモデルにキャラクターや役割を設定させていただいている。モデルとなっているのは、いずれも私のコンサルティング先の企業や団体のみなさんであるが、そのおかげでよりリアリティのある内容に仕上がったと自負している。

特に株式会社アクトコールのみなさんには、小説の登場人物として一役も二役も買っていただいた。同社にはその設立当初から携わらせていただいているが、この会社の成長と共に私自身の成長があったと言っても過言ではない。

そうした背景も含めて、同社の平井俊広社長と社員のみなさんに対して、心から感謝の意を伝えたい。

平成21年8月吉日　　柳楽仁史

●目次

装丁　冨澤崇（EBranch）
本文図版・組版　横内俊彦

第1部

ドキュメンタリー小説
「不動産会社はワインを売れ！」

第1話　会社存亡の危機

■閉店の危機

不動産賃貸仲介の現場から、繁忙期の殺気立った空気がようやく消えかけていた5月の上旬。店長の瀬知は溜まった入居契約書類を整理するために、少し早めに出社していた。いつものようにパソコンのメールボックスを開くと、お客様からのメールや部下からの日報に混じって何やら見慣れない件名のメールが届いている。

社長の宮上からだった。メールの宛先は全店長になっている。

「いつも用事があるときは携帯を鳴らすのに珍しいな……」

そう呟きながら、「今後の店舗再配置計画について」というタイトルをクリックすると、気性の激しい宮上にしては珍しく、穏やかな文体の長文がしたためられている。しかし、その内容は

From 宮上 <Miyagami>
To 全店長 <Store managers all>
日付 2009/05/09 23:46
件名 今後の店舗再配置計画について

店長各位

皆さんの頑張りのお陰で、今年の繁忙期もなんとか無事に乗り切ることができました。本当にお疲れ様でした。

しかし、私は今、この繁忙期を終えた着地数字を経理から聞かされて愕然としています。

契約客数は昨年の８７％、お客様一人当たりの平均収益単価は８％も低下している。特に、中心街立地の店舗については損益分岐点を割り込んで採算割れしているか、もしくは採算ぎりぎりの店舗が複数あります。

繁忙期でこのような状況では年間を通じた黒字運営は困難。したがって、**「不採算店舗の閉鎖」を本格的に検討したい**と考えています。

そこで、上記に該当する店舗の店長に大至急お願いがあります。店舗の通年採算化に向けた事業計画、つまり「**収益改善の具体策**」を２週間以内に策定し、説明に来てください。

よろしく。

宮上

決して穏やかではなかった。

瀬知にはこのメールに書かれている「採算割れ店舗」がどの店を指しているのか一瞬でわかった。もともと採算ラインの高い中心市街地の店舗は、すべて瀬知に任されている。

瀬知の背筋に緊張感とともに寒気が走った。

「ほとんど俺の店のことだな……。それにしても、だったらなんで全店長に送るんだ?」

そこへ、副店長の井深が出社してきた。

「店長、怖い顔してどうしたんですか? また営業マンが何かやらかしたんですかぁ?」

井深がいつものようにヘラヘラと話しかけてきた。

「笑ってる場合じゃない。見ろ、社長からの最後通牒メールだ。しかし、来店減はうちの店に限ったことじゃない。しかも去年の9月あたりから家賃相場そのものが値崩れを起こしているじゃないか……。こんな状況下で社長は俺たちにいったいどうしろって言うんだ」

合いの手を打つように、井深がそれに同調した。

「確かに、そんなこと言われてもどうしようもないですよね。ネットに物件を登録しても反響は思ったほどないし、ポータルサイトは金がかかる。だいいちお客さんが『同じ広さなら少しでも安い部屋を探してくれ』って言うんですから。そもそも、社長は最近業績が悪くてピリピリしすぎですよ。こうやって発破をかけようとしているだけじゃないですかぁ?」

「いや、そういうときはいつも夜中か早朝に携帯を鳴らすんだ。こういう話をメールで送ってくるのは初めてだ。きっと今回は本気だ」

「マジっすか。それじゃ、念仏でも唱えましょうかね？『お客さんがたくさん来てくれて、高い部屋を借りてくれますように……』って」

井深はいつもこうだ。女のことになると真剣にあの手この手を考えるくせに、仕事に関してはどこか楽観的すぎる。瀬知は心の中でつぶやいた。

「こいつ、『また店長がなんとかしてくれる』とでも思っているのか……」

瀬知の部下はみな決して頭がよいとはいえないが、素直で頑張り屋が多く、瀬知のことを心から慕っている。

彼らとて、この繁忙期をサボっていたわけではない。少しでも来店を増やそうと、深夜までネット掲載物件を更新したり、店頭のＰＯＰをせっせと張り替えたりしていた。昼飯も食べずにお客様の応対にあたるのだが、去年までのような客数と決定率が維持できなかったのだ。

「これまでとやり方を変えなければいけないんだ。何か手を打たねば……」

焦る気持ちだけが先走っていた。

こうして悩んだとき、瀬知にはいつも相談を持ちかける人物がいた。同業者の交流会で知り合ったライバル会社の川橋社長だ。なぜかわからないが、川橋は瀬知のことを息子のようにかわいがってくれている。といっても、相談する内容は部下との人間関係や人材育成に関することが主で、同業者で商売敵ということもあって、賃貸仲介実務に関するノウハウやテクニックについては、瀬知もあえて話題にするのを避けていた。

「ダメもとで相談してみよう……」

■問題提起

瀬知はアドレス帳から川橋社長の携帯番号を探し出し、少しためらいつつ電話を鳴らしてみた。

「やあ瀬知君、久しぶりじゃないか。どうかしたかね？」

「ええ、実は……」

「いつもと様子が違うな。まあとりあえずメシでも食おうじゃないか。しばらく顔を出してなくてママに厭味を言われてる店があるから、ちょっと付き合ってくれないか」

翌日、瀬知が指定された店に先に着いて待っていると、やや遅れて川橋が姿を現した。品のよいお洒落なスーツを身に纏っている。普段着もそうなのだが、服の色使いや着こなしが若く、センスに溢れている。

「久しぶりだね。ところで今年の繁忙期はどうだったかね？」

何かを見透かしたかのように川橋が尋ねた。

「お察しのとおり、散々な結果でした。契約数も契約単価も昨年を大きく下回ってしまい、宮上社長からは『このままなら閉店だ』と最後通牒を突きつけられています……」

「なるほど、それで浮かない顔をしてるんだな。『まあ業界全体がそんな状態だからあまり気にするな』とでも励ましてやりたいところだが、うちの店はどこも利益ベースで昨年対比を超えているよ」

「えっ?!　どの店も、ですか？」

「ほとんどの店で客数は多少減っているが、客単価は逆に上がっている。なぜだか知りたいかね？　そう簡単に教えるわけにはいかんがね」

川橋は悪戯っぽく微笑んで言った。

「一言で言うと、**従来の不動産賃貸業のワクを、社員の意識からきれいに取っ払った**からだよ」

「ワク、ですか？」

「そうだ。我々の不動産賃貸業界は長年『世帯数の増加』と『客の知識不足』をいいことに、アグラをかいた商売をやってきたんだよ。日本は国の政策もあって、核家族化を意識的に推し進めてきた。当然、世帯数が増えるに伴って不動産物件に対する需要が生まれる。不動産業者や建築業者にとっては非常に『おいしい状態』が戦後から続いていたわけだが、いつの間にかそれが当たり前のような感覚を持つようになった。しかし、**世帯数増加の勢いが薄れつつあることを、そろそろ認識しなければならない**」

川橋はやや険しい表情で答えた。

「でも、我々の世代はバブル崩壊の後にこの業界に入っているので、あまりそういう感覚はないと思います。それなりにいろいろ工夫しながらやってます。決してアグラをかいているつもりはないのですが……」

瀬知は川橋とのジェネレーションギャップに言及した。

「そうかもしれんな。でも、瀬知君は『何かが急に変わった』と感じているんだろう？　今回の繁忙期の不振の原因を、自分なりにどう分析しているのかね？」

「やはり、不景気ですかね……」

「もちろんそれもあるだろう。でも、だとしたら、なぜうちは全店で昨年並みかそれ以上の利益が出て、君の店は利益が出ないほど急激に状態が悪化したのかな？」

瀬知は言葉に詰まった。そうだ、それを聞くためにここにやってきたのだ。

「すみません、それがわからなくてここに来ました。素直に全部お聞きしますので、もう少し具体的に教えてもらえませんか?」

「よかろう。私は景気を読むプロではないが、業界全体がこうなることは数年前から先読みしていた。**『ライフサイクル』**という言葉を知っているかね?」

「いえ、お恥ずかしながら経済は不勉強でして……」

「経済の難しい話ではない。いたってシンプルな原理原則だよ。簡単に言うと、どんな業界や商品も、時間の経過とともに普及率が上昇し、それに比例して消費者がどんどん賢くなっていくという考え方だよ。少し考えてみればわかるだろう」

「なるほど確かにそうですね。数年前までデジカメなんて持ってる人はまだ少数でしたが、今ではほとんどの人が持ってますね。私もたまたま先日、３台目を買ったところなんですが、店員に散々ウンチクをたれて値切り交渉をしたので、かなり嫌がられました」

「それと同じことだ。**お客さんは購買経験を重ねるごとに賢くなり、売り手はその分だけ販売努力を強いられる**。これが商売の原理原則だ」

川橋はさらに続けた。

「しかし、不動産はデジカメのように値段の安いものではないので、そんなにしょっちゅう買い換えたり住み替えるものではない。つまり買い手にとっては購買頻度の低い商品なので、経験知が蓄積される速度が遅い。不動産会社はここにアグラをかいていると言いたいのだよ」

「お言葉ですが、川橋社長、買い手の購買頻度が低いと経験知が蓄積されにくいというのはわかるのですが、どう考えても最近急にお客さんが賢くなった気がします」

「そのとおり。その理由を根本的に探ることだ。そして対策を講じることだな。まずは、お客さんの目線で**『売上の構成要素』**を因数分解することだ」

「因数分解、ですか？　数学は大の苦手でして……」

「君は、まず自店の売上をなんとかしたいんだろう？　でも、単に『売上』という大雑把な捉え方では、いったい何から手を着ければいいのかわからんはずだ。売上はどんな要素で構成されているのか、これをお客さんの目線で分解することだ。要するに、**『どんな要素が充実していれば、その店に行こうと思うか、その店でお金を落とすのか』**について、ひとつひとつお客さんの気持ちになって仮説を立てていくんだよ。さあ、俺はそろそろ次の店に行かないと……」

そう言い残して川橋は席を立ち、外出していった。「**因数分解**」というキーワードが、瀬知の頭の中でぐるぐると回っていた。

■因数分解

翌朝、瀬知はいつものように一番乗りで出社し、前日の残務処理をしていた。そこへ、井深が珍しく定時よりも早めに出勤してきた。

「おい、井深、『因数分解』ってわかるか？　この店の売上を因数分解したらどんな式になるんだ。お前、確か前はシステム屋にいたから、少しは頭の中が理系の構造になってるんだろ？」

瀬知は井深に唐突に訊ねた。

「え、売上の『因数分解』ですか？　なんですか、突然。でも、そんなの簡単ですよ『**売上＝客数×客単価**』じゃないですか？」

「もう少し深いレベルの因数分解をしてくれよ。客数を増やすにはどうすればいいのか、客単価を増やすにはどうすればいいのかがわからなくて困ってるんじゃないか。女を口説くための方程式はいつも考えてるくせに」

瀬知はなかなか話に乗ってこない井深をわざと挑発した。

「それの何が悪いんですか？　わかりましたよ、要するに客数と客単価に分けて因数分解すりゃいいんでしょ」

「そうだ。客数とはすなわち集客力。どうすればお客さんはうちの店に集まってきてくれるのか？　もし、自分が賃貸物件を探しているお客さんの立場だったら、どんな要素が揃っている店なら足を運ぼうと思う？」

瀬知はぼんやりとした仮説は持っていたが、それを井深を触媒として自分の中から引き出そうとしていた。同時に、井深にも店の危機を真剣に考えるきっかけを与えたかった。

人間の知恵というのは、相互作用によって化学反応を起こすことがある。瀬知は経験上それを感覚的に知っていて、井深との会話を通じて自分でも気づいていない答えが得られるのではないかと少し期待していた。

「んー、そうですね。まず、自分の予算に合った物件が豊富に揃っていそうな店ですかね」

「なるほど、つまり『**物件の品揃え**』だな。他には？」

瀬知は井深を乗せるために、承諾と質問を交互に繰り返した。

「そもそも、物件がたくさん揃っていたとしても、それをわかりやすく整理して伝えてくれないことには、足を運ぼうと思いませんよね」

「そうだな、それは宝の持ち腐れだよな。持っている物件の価値をタイムリーにきちんと伝えられる『**情報伝達力**』が問われるわけだな」

「さすが店長、かっこよくまとめますね。でも、それだけじゃ不十分ですよ。こないだうちで部屋を決めてくれたお客さんが話してくれたんですが、うちの競合のA店のほうがサイトにアップしている物件数が圧倒的に多いんだとか。でも、最終的にはA店には行かずにうちに来てくれたんですが、なんでだと思います？」

「さあ……」

瀬知の知らないことを自分が知っているとあって、井深は急に得意げな態度で話し始めた。知ったかぶりは井深の癖だ。

「なんでも、物件検索サイトで目をつけた物件をピックアップしてA店にメールで問い合わせると、毎回『残念ながらお問い合わせの物件はすでに埋まりました。他にも多数取り揃えておりますので、まずはご来店ください』という返事だったそうです」

「それはよくあることだね。繁忙期にはどんどん部屋が埋まっていくし、仕方ないんじゃないのか？」

「ええ、確かにそうなんですが、そのお客さんは毎週そのサイトを覗いていたらしいんです。すると、以前に『埋まってます』と言われた物件のほとんどが相変わらずサイトに上がっていたそうです。そりゃ、素人でも『オトリ物件』だって気がつきますよね」

「なるほど、そこで信用を失ってしまったのか。つまり、サイトの向こう側にいるお客さんはサイト上を自由に往来できるから、大げさに言えば時空を超えて物件を探せるわけだ。たとえ素人でも不動産業者よりも詳しくなってしまうことがあるということだね」

瀬知の頭の中で、「急にお客さんが賢くなったのではないか？」という川橋にぶつけた疑問が、少し解けていた。

「だったら、信用してもらえるようにネットの物件更新にもっと気を遣わないといけないね。いずれにせよ、『**信用力**』が重要な集客要素になるってことだな」

瀬知はさらに続けた。

「よし、ちょっとここで整理してみよう。売上を構成するのは『**客数と客単価**』。そして客数を左右するのは、『**物件の品揃力・情報伝達力・信用力**』だったな。なんとなく公式にしてみてくれないか？」

「任せてください。『**集客力＝品揃力×情報伝達力×信用力**』ってな感じでどうでしょう？」

「なんだ、もっと難しい関数とかを駆使するのかと思ったら意外に単純な式だな。まあ、このほうが俺にもわかりやすいからちょうどいい。ただ、こうやって因数分解した式を眺めていると、それぞれなんとか努力のしようがありそうな要素ばかりだな」

こう言われて、井深は急にふてくされた表情になった。

「ええ、確かにそうですけど、ただでさえ人手不足で忙しいのに『もっと物件調達に出かけろ』とか、『もっとネットの物件情報の更新頻度を上げて、こまめに問い合わせメールの対応をしろ』って言うんですか？　そんなことしたら、接客に充てる時間がなくなりますよ」

「自分たちは精一杯頑張っている」とでも言いたいのだろう。瀬知はそれを軽く受け流し、矛先を因数分解の話に戻した。

「じゃあ、集客力の掘り下げはこの辺にしておこう。次は『**客単価**』を掘り下げてみようじゃないか」

「難しいですねー。『**どうやったらお客さんがうちの店で高い物件を借りてくれるか**』ですよね？　そもそも高額物件はうちの客層に合いませんし、あえて言うなら『接客力』ですかね」

「少し曖昧だな。じゃあ、どういう接客をすれば、高い物件を借りてくれるんだ？」

「前からうちの社長に口すっぱく言われているのは、『**ヒアリング力**』と『**提案力**』ですけどね」

瀬知はしばらく黙り込んだ後、納得の行かない口調で声を絞り出した。

「まあいい。とりあえず客単価については『**収益単価向上力＝ヒアリング力×物件提案力**』とでもしておこう。さあ、そろそろ店を開けないと。付き合ってくれてありがとう」

瀬知は井深に軽く礼を述べて、そそくさと開店の準備に取り掛かったが、しばらく心の中で自問を繰り返していた。

「井深が言うように、客単価を構成する要素なんて、『仲介手数料』か『広告料』くらいしか思いつかない。でも、それじゃ因数分解したことにならない。他に何か不動産賃貸業の売上を構成している要素はないのか……」

こうしている間にも、宮上から与えられたタイムリミットは刻々と近づいていた。

「なんとかしないと……」

■気づき

数日後、瀬知は再び川橋のもとを訪ねることにした。今回は瀬知の行きつけの宮崎料理の旨い店にぜひ連れて行きたいという口実で、川橋の時間を半ば強引に確保した。名物の「ハラミ串」を先に2人前注文して川橋を待つこと10分、川橋が20代後半の若い男性と一緒に店に入ってきた。

「川橋社長、今日はお2人ですか？」

「ああ、私が最近世話になっている村石君だ。彼は『不動産業界専門の商社』のような会社に勤めていて、たまたまさっきまで打合せをしていたんだ。紹介するよ」

「はじめまして、村石です！　突然お邪魔してすみません。今日は黙って座っておりますので、どうか私のことは気にせずに川橋社長とお話をなさってください」

見かけから想像した通り、やたら声の大きい元気のいい挨拶だった。それにしても、「不動産業界専門の商社」とは聞きなれない商売だ。「気にせず話せ」と言われても気になる。

瀬知の胸中を読み取った川橋がすかさず、そこから話を逸らすかのように質問を投げかけた。

「ところで瀬知君、こないだの宿題はできたかね？」

「ええ、因数分解のことですね。頑張って考えてみました。たとえば、集客力は『**物件力・情報伝達力・信用力**』によって構成されていて、これらを磨き続けることが、ネットの普及によって急に賢くなったお客さんに来店いただくうえで、とても重要な要素であることはわかりました」

「なかなかよくできたじゃないか。君が指摘するように、最近では誰でもインターネット上で大量の情報を自由に入手できるようになった。それによって、売り手と買い手の情報格差がかなり縮まっている。お客さんの選球眼が肥えてくるのだから、当然、売り手のほうはそれに合わせて物件の品揃えや情報伝達に工夫を凝らさなくてはならない。確かに、君が挙げたのは、どれも不動産賃貸事業者が磨きこまなければならない本質的価値だ」

「ただ、それは前からわかっていることですし、しかも一朝一夕に成し遂げられることではありません。うちの宮上社長の時間軸では、そんな悠長な改善策は受け入れてもらえません。どうしたらいいものでしょうか……」

川橋の返答がややありきたりに感じられ、瀬知は少し落胆していた。

そこに、注文しておいた名物のハラミ串が運ばれてきた。出来立てのシズル音とともに肉汁が皿に滴り、特製のタレが肉の艶をさらに引き立てている。予定外の村石が加わったことで座席には3人いるが、運ばれてきたハラミ串は2人前しかない。瀬知はそれを川橋と村石に勧めて、追加注文をしようと店員に声をかけた。が、ハラミ串はすでに品切れだった。

「すみません、実はさっきの2人前で品切れなんです……」

まるで繁忙期の不動産賃貸業者のような対応だ。ところが、その先が違っていた。

「でも、今日はとってもいい馬刺しがたまたま入荷してるんです。いかがですか?」

「じゃあ、それで」

瀬知がそっけなく返事をしてメニューを畳もうとすると、店員がそのメニューの別のページに咄嗟に指を挟み込んできた。

「馬刺しをオーダーされるのでしたら、こちらの赤ワインをご一緒にいかがですか? 先に注文されたハラミ串も、ワインと一緒に召し上がられると最高に味が引き立ちますよ」

瀬知は店員が開いたドリンクメニューのページを眺めながら「宮崎料理の専門店なのに、なんでワインをこんなにたくさん置いてるんだ？」と違和感を覚えたが、確かに肉料理には赤ワインが合いそうだ。

「じゃあ、この赤ワインのボトルを。グラスは３つで」

続けて、瀬知は場つなぎのつもりで、当たり障りのない話題を２人に振った。

「なんで宮崎料理の専門店なのに、こんなにたくさん赤ワインが置いてあるんですかね。宮崎といえば焼酎でしょう」

これに口を挟んできたのは、意外にも村石だった。

「瀬知さん、今の店員の対応をご覧になって、何もお感じになりませんでしたか？　私はもともと飲食店の店長をやっていたので、今の店員の対応にとても感心しました」

「は？」

「さっきの短いやり取りの間に、彼は我々の客単価を一気に跳ね上げてしまいました。本来なら欠品というチャンスロスによって客単価ダウンを招くところでしたが、彼はより単価の高いメニューを提案し、しかもそれにワインのフルボトルを付加提案してしっかりと注文をとって帰りました。注文を逃すどころか、逆に大量の注文をさりげなく獲得した彼の対応に、私はすごく感心しましたよ。たぶん、あの対応は店長からしっかり仕込まれたものだと思います」

「村石さんは飲食店にお勤めだったのですか。さすが着眼するところが違うね」

こう答えた瀬知に、少し苛ついた口調で川橋が噛み付いてきた。

「お前さん、かなり感性がニブいな。村石君が飲食店の店長経験があるから気がついたんじゃない。客商売をやってたら、誰でもそういうところに眼が行くもんだと思うがね。そもそも君は自分で店を仕切っている店長さんなのに、大丈夫かね？　そりゃ、店の売上も厳しくなるわ」

川橋は厳しく瀬知を突き放した。

「どういうことですか？」

「こないだから、『**店の売上を短期間に改善する方法**』を模索しているんじゃないのかね？　だったら、今の店員がたった数分間の間にこの店の売上を上げてしまったのを見て、何も感じないのかい？　まあ、さっきの『なんで宮崎料理の専門店に赤ワインを置いてあるんですかね』という、君のあっけらかんとした言葉がすべてを物語っているがね」

瀬知はしばらく黙り込み、混乱する頭でなんとか必死に考えを巡らせた。

「川橋さんは、私が不動産業だからという理由で物件を貸すことだけに囚われすぎだとおっしゃりたいのですか」

「そうだ」

「しかし、お言葉ですが、川橋さん、うちには物件以外にお客さんに薦めるものなんてありません」

「それが、不動産業のワクに囚われた発想だと言っているのだ。前にも言っただろう、私は『**不動産業のワクを取っ払った**』と。実は今日ここにいる村石君には、それに一役買ってもらっているんだ」

■希望の光

「村石君、君がわが社でどんなことをやってくれているのか、瀬知君に説明してやってくれたまえ」

「はい。私は不動産賃貸管理会社様に対して、『**付帯商品の導入による収益向上モデル**』を提案し、その導入と定着をお手伝いしております」

村石は少し興奮気味に、やや早口で答えた。

「なんだかよくわからないなぁ、もう少し噛み砕いてゆっくり説明してもらえないかな」

「申し訳ありません。簡単に申し上げますと、不動産賃貸店で部屋を借りる入居者様に、新生活を始めるにあたって必要な物品やサービスをご提供するビジネスを、不動産賃貸管理会社様に提案させていただいております」

「つまり、肉を注文した客にワインを薦めるみたいなことを、不動産会社にもできるような仕組みを提案するってわけ？」

「まあ、そういうことです。ワインはワインショップでしか売ってはいけないという法律はどこにもありません。同様に、不動産賃貸店で物件の斡旋以外のことをやってはいけないという法律も今のところ存在しません」

「確かに、そんな法律は聞いたことがない。でも、そういう固定概念に囚われている人が多いのは事実だね」

瀬知は自分のことを省みていた。村石はさらに話を続けた。

「入居者様にとって、**新しい物件に住み替えるというのは、人生の大きなターニングポイント**です。様々な夢や不安が錯綜していますし、**新生活を始めるにあたって調達しなければならない物資やサービス**が山ほどあります。これを不動産会社ができるだけワンストップで提供することによって、入居者様の利便性が向上します。さらに、不動産会社もこれによって少なからず利益を得ることができます」

「なるほど、客単価が大幅に向上するし、入居者様にも喜んでもらえるってことか。しかも、これならすぐにでも取り組めそうだし、売上向上に即効性がある」

ここで、それまで2人のやり取りを黙って眺めていた川橋が、待ちかねていたかのようにようやく口を挟んだ。

「そういうことだ。瀬知君が売上の要素を因数分解していく過程で気づいた『物件の品揃え・情報伝達力・信用力』などは、どれも非常に大事な要素だ。我々は継続的にこれらを高める努力をしなくてはならない。しかし、君には時間がない」

「それで、村石さんをわざわざここに連れてきてくださったのですね。川橋社長……」

瀬知は思わず言葉に詰まった。その後に続けて伝えるつもりだった謝意も、感激のあまり喉が詰まって出てこなかった。

「いや、ついでだよ、ついで。たまたまさっきまでうちでミーティングしてたからな」

川橋はそう言い残し、トイレに行くフリをして席を外してしまった。いつまで経っても戻って来ないので店員に訊ねてみると、会計を済ませて帰ってしまったという。

それにしても、なぜ川橋はライバル会社の店長の瀬知にここまでしてくれるのか。川橋への疑問は、感謝の気持ちと裏腹に瀬知の中で膨らんでいた。

■付帯商品とは？

「ところで、村石さん、付帯商品の販売スキームを現場に導入するにはどうすればいいのかな？加盟金とか保証金とかは必要なの？」

瀬知は、もしやここで高い金をふっかけられるのでは、と気になって質問した。

「いいえ、付帯商品を導入するのに初期費用は一切かかりません。私どもが御社を訪問して説明会や研修をさせていただきますよ」

「商品はどうやって探してどこから仕入れるの？　付帯商品といってもいろいろありそうじゃない」

「商品を自社で個別に発掘するのは大変だと思います。私がみなさんにお勧めしているのは、全国賃貸管理ビジネス協会という業界団体が運営している『賃貸管理業者向けのマッチングサイト』に登録なさることです。瀬知店長の言うとおり、ひとくちに付帯商品といっても、様々なカテゴリーの商品やサービスがあります。お店の規模や客層によって取り扱うべき商品が異なります。この『**賃貸管理ビジネスNAVI**』というサイトには、常時約２００アイテムの付帯商品が掲載されてるんです」

村石はおもむろに自分のノートパソコンを取り出した。ブラウザの検索窓に「賃貸管理ビジネス」とキーワード入力し、検索結果の最上位に表示された「賃貸管理ビジネスＮＡＶＩ」というウェブサイトを開いて見せた。

瀬知が覗き込んだ画面には、商売繁盛のシンボル・招き猫をキャラクターにあしらった賑やかなサイトが表示されていた。画面の中央部に「商品・サービス検索」という検索窓が大きく配置され、その下には「ピックアップ商品」「新着商品」「導入成功事例」などのコーナーが目を惹いている。

「なるほど。この中から自社で売りやすそうな商品を探し出せばいいのか」

「そうです。しかも、会員登録すると、協会が全国各地で開催しているセミナーや研修会に参加できて、付帯商品の販売方法や成功事例を学べるんです。しかも、付帯商品の販売マニュアルや成功事例集なんかもダウンロードできます。会員登録には数万円の年会費が必要なんですが、充分モトは取れますよ」

村石はことを始めるにあたって、情報収集と学習の機会を得ることが第一義であることを主張した。

「なるほど、そういうことね。それじゃあ、そのなんとかナビに掲載されている商品の中から、うちに合った商品を選んで提案してくれたりするの?」

「はい。まずは、手軽でそこそこ利益率の高い商品から導入されるのが得策だと思いますよ。いきなりハードルの高い設備系の商品を扱うより、単価が数千円から2万円前後の低単価商品を複数扱われるのがよろしいかと思います。現場のスタッフのみなさんにも、まずは小さな成功体験を着実に積んでいただくのが肝要かと」

「なるほどね。具体的にはどういう商品があるの?」

「ここに弊社で集計したデータがあります。これは、あるエリアに限定して弊社取引先(賃貸仲介管理業者)に対して行ったアンケート結果で、店頭でよく売れている付帯商品をグラフにしたものです」

「これは滅多にお目にかかれない貴重なデータだね。この会社では引越しが一番売れているのか……。火災報知器は確かに法制化されたから売り時だね。でも、これって家主向けの商品だよね?」

「ええ、そうです。物件の管理をお任せいただいている家主様に対して、法制化を前提にお薦めされているようです」

「なるほど、うちはそれほど管理物件は多くないけど、大切な物件を預かっている会社の責任と

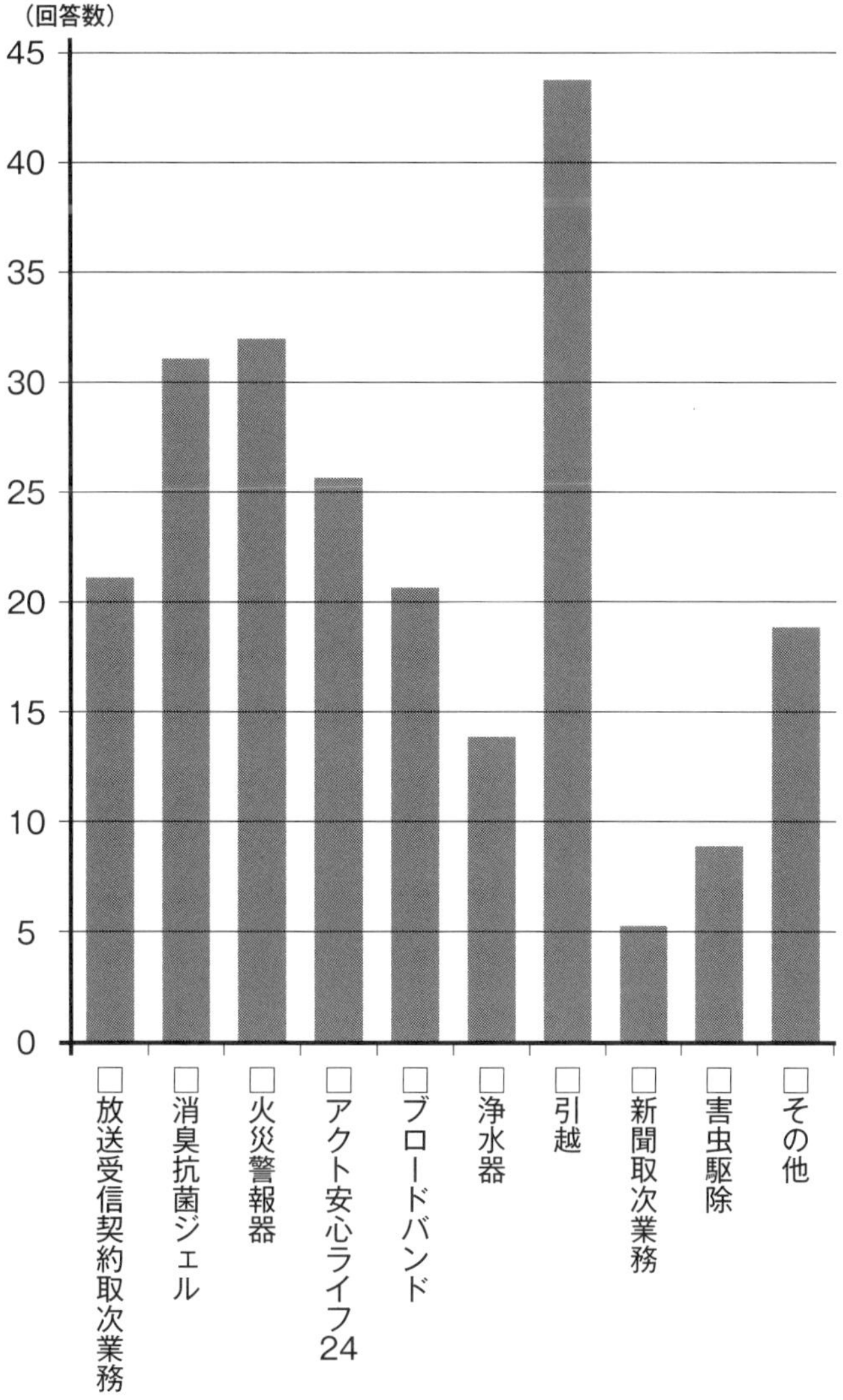
（回答数）
45
40
35
30
25
20
15
10
5
0
□放送受信契約取次業務
□消臭抗菌ジェル
□火災警報器
□アクト安心ライフ24
□ブロードバンド
□浄水器
□引越
□新聞取次業務
□害虫駆除
□その他

して、これはきちんと家主さんにお伝えしないといけないな。ところで、この『アクト安心』って何？　わりとよく売れてるみたいだけど」

村石の顔が、俄然「待ってました」という表情に変わり、大きな身振りとともに嬉々として話し始めた。

「実はこれが当社のメイン商品なんです。正確には『アクト安心ライフ24』と言います。一言で言うと、入居者の生活の困りごとを解消するための『緊急駆け付けサービス』です。たとえば、水が漏れたとか、鍵を紛失して部屋に入れないとか、窓ガラスが割れたとか、そういった緊急時にお電話をいただければ、専門スタッフが現地に急行するんです」

「一人暮らしや高齢の入居者にとってはすごくありがたいサービスだね。しかも、うちの管理部の連中も電話対応や出動が減って喜ぶに違いない。ところで不動産会社にはどれくらい収益が発生するの？」

「入居者様の負担は2年間で1万5750円で、この中から、斡旋していただいた不動産会社には6300円の収益が発生します」

「なるほど。うちのエリアではワンルームの家賃相場が6万円くらいだから、これを付帯させると約10％の客単価アップになる。去年から今年にかけて平均8％の客単価ダウンだから、その分を力バーできるかもしれないな……」

「はい。でも、実はもっとすごい秘策がいろいろあるんです。たとえば、アクト安心ライフ24を抗菌消臭サービスや鍵交換とセットにして、パック商品としてお客様にご提供すれば、さらに客単価が跳ね上がります。我々は全国の同業者様を回っているので、そういう成功事例も豊富に持っています」

瀬知は頭の中で「とらぬ狸の皮算用」をしていた。しばしの沈黙の後、何かを決意したように背筋をピンと伸ばして、威勢よく言った。

「よし、わかった。それじゃ、付帯商品に賭けてみようじゃないか。わが店の存続を!」

瀬知は村石と硬い握手を交わし、運ばれてきた赤ワインを一気に飲み干した。

■社長の壁

翌朝、瀬知は本社に出社していた。繁忙期にはほとんど本社に顔を出していなかったので、ここに来るのはかれこれ1カ月ぶりになる。もちろん今日ここに来たのは、宮上社長に自店の収益改善策を伝えるためだ。

昨晩、村石と意気投合した話を簡単な企画書にまとめて持参してきた。表紙には「**付帯商品導**

入による客単価向上と収益改善プラン」という、それらしいタイトルが印字してある。

それにしても昨日は少し飲みすぎた。調子のいい村石に勧められるままに、あの後ワインをもう一本追加してしまったのだ。瀬知はまだ少し酒臭い口元を気にしながら、社長室の扉をノックした。

「どうぞ、入りたまえ」

宮上の、太くて低い声が中から返ってきた。

「失礼します。お忙しいところ時間を頂戴して申し訳ありません。今日は社長から承っていた店舗の収益改善策についてのご相談にうかがいました」

デスクで何やら書き物をしている宮上に向かって、瀬知は恐る恐る話しかけた。

「いつになったら来るのかと、そろそろ業を煮やしていたところだ。前置きはいいから、さっさと説明してくれ」

宮上はただでさえ短気な性格だが、今日はそれに輪をかけて機嫌が悪いらしい。瀬知は嫌な予感を押し消そうと、普段よりも声のトーンを上げて説明を始めた。

「社長がご指摘のとおり、私の担当店の契約数と客単価は昨年を大幅に下回っております。これを短期的に立て直すために『**付帯商品の販売強化**』に早急に取り組みたいと考えています」

「ん、付帯商品?　なんだ、それは」

「はい。当社では『雑収入』の収益項目に分類されている商品のことです。すでに当社のグループ店舗でも『引越し取次ぎ』や『家財保険』などを積極的に売っている店がありますが、その販売を強化することで客単価を回復させようと考えています」

「そんな『オマケ』みたいな商品を売れば、店を建て直せるとでも思っているのか?」

書類にサインをしながら話を聞いていた宮上が、急に大きな頭を持ち上げて瀬知を睨みつけた。

「いいえ、もちろん不動産賃貸業としての本質的価値を磨かねばなりません。物件の品揃え、情報伝達力、信用力、それにスタッフの接客力。お客様がどんどん賢くなっていく中で、我々には一層の販売努力が求められています。これを怠るつもりは毛頭ないのですが、どれも一朝一夕に改善できるものではありません。こうした努力が実を結ぶのは早くても3カ月後、普通だと半年はかかります。これは現場上がりの宮上社長が一番よくご存知のことと思います」

「それで、手っ取り早く『オマケ商品』を入居者に押し売りしようと?」

宮上が得意な圧迫面接だ。相手を威迫・圧迫して窮地に追い込み、そのときの咄嗟の反応をつぶさに観察して、相手の本質を見抜こうとするやり方だ。このやり方で詰められることに慣れている瀬知でも、いざとなるとやはり怯む。

しかし、自店の存続が懸かっていることもあって、何かに背中を押されたかのように、この日は珍しく宮上に反論した。

「お言葉ですが、社長。それは不動産会社の『おごり』だと思います。確かに、物件仲介によって動く金額に比べればオマケのような額ですが、家主様や入居者様にとって必要な商品をご提供するのは我々の義務でもあると思います。他の業種でもこういった**クロスセル**はどんどん進んでいます」

瀬知はきっぱり言い切った。まだ僅かに残っている酒の勢いもあったのかもしれない。しかし、宮上はそれをはねつけるように切り返した。

「クロスセル？　お前はいつも横文字を使って話をごまかす。日本人なんだから日本語で話せ」

「失礼しました。では、『交差販売』とでも言いましょうか。目の前にいる顧客のニーズを拾い上げて、自分の業種の外にある商品を販売するという意味です。他の業界ではもう当たり前になっています。ちなみにその高そうな万年筆、どこでお買いになりましたか？」

自慢の万年筆に言及されて嬉しかったのか、宮上は目元に薄い笑みを浮かべて話し始めた。

「ああ、これか。これは行きつけのスナックのママに海外から取り寄せてもらったんだ。彼女は私が万年筆マニアというのをよく知っていてね。知り合いの業者に頼んでくれたらしい。もちろん、お金はきちんとママに支払ったがね」

「社長、まさにそれがクロスセルです。既成概念では万年筆は百貨店などで買うものですが、社長の趣味嗜好、つまりニーズを熟知しているスナックのママが、百貨店の販売チャンスを見事に奪ってしまったのです」

「俺があのママに『まんまとしてやられた』ってことか。そう言われれば、そんな気がしなくもないが、私は別にそれで満足しているから一向に構わんのだ。ほっといてくれ」

宮上は瀬知の土俵に乗ってなるものかと反論した。

「そうなんです。きっと入居者様も社長と同じように感じると思います。**入居者様が求めている適品を適時に提供**すれば、行きつけのスナックで高価な万年筆を思わず買ってしまった社長と同じように満足すると思うのです」

宮上は、内心「しまった」と思った。見事に瀬知の土俵に乗ってしまった。理屈で言いくるめられ、論破されてしまったことに対して、腹の虫のおさまらない宮上は、急に声を荒げ始めた。

「今日はそんなくだらない屁理屈を垂れるためにわざわざやって来たのか？　そんなことより、もっと本業に専念しろ！　もういい、私は忙しい。続きはまた今度聞こう」

宮上はそう言い放ち、瀬知を社長室から追い出してしまった。

しかし、宮上も実は内心、「ありかもな……」とひそかに感じていた。瀬知の店だけでなく、手数料単価の低下は他の店でも同じように進行していて、このままでは会社全体のジリ貧は目に見えていたからだ。

しかし、果たして不動産会社が不動産以外のものを扱っていいものか、社員の意識がおかしくならないか、入居者が「変なものを押し売りされた」と思い込まないか……。そういった懸念を打ち消せるほどの確信を得るにはまだ至っていなかった。

「本当はもう少し瀬知の話を聞きたかったんだが……。短気で意地っぱりな私の悪い癖だ……」

宮上は社長室でぽつんと独り、自分に対して愚痴をこぼした。

＝＝＝＝＝＝

社長への説明と説得に見事に失敗してからおよそ1週間後、繁忙期明けに毎年行われる定例の幹部社員研修に参加するために、瀬知は再び本社を訪れていた。研修会といっても、繁忙期の反省会に近いもので、成績不振店の店長は針のムシロ状態で社長の説教を聞かされるような会だった。

数年前から、後半部分は外部のコンサルタントがリーダーシップなどの研修をやるようになってはいるが、この繁忙期はどの店も奮わなかったこともあり、会場全体は重苦しいムードに包まれていた。

そして、この日もまた、研修の開始時刻が遅れていた。この会社では、経営陣の都合で会議や研修の開始時刻が遅れるのは日常茶飯事なのだ。経営陣が時間にルーズな会社では、社員も時間にルーズになる。まだ姿を現していない店長も何人かいた。

普段からそれに慣れている瀬知は、研修の開始時間が遅れている間に、携帯で村石に連絡をとっていた。先日の社長へのプレゼンがうまくいかなかったことを伝え、今後の立て直しをどう図っていくかを相談しようとしていた。

「村石さん、社長の頑固っぷりには本当に参ったよ。理屈ではわかってくれたみたいなんだけど、ぜんぜん首を縦に振ってくれない」

「何か感覚的に気に入らない部分があるのかもしれませんね……。ここはひとつ、成果をあげて結果を示すことで説得してはどうでしょう?」

「村石さん、それはリスクが高すぎる。うちの店の営業マンをその気にさせて動かした後に、社長に『お前たち何をやっているんだ?　本業に専念しろ!』なんてあの調子で叱られたら、現場のモチベーションに大きなダメージを与えかねない」

「確かにそうですね……。会社の方針に沿わないことを影でコソコソやるのでは、なんだか罪悪感に駆られますし、現場も本気にはなれませんね……」

2人は困り果てて、携帯電話の端末を握ったまま、しばし沈黙が続いた。

なんとも言えない無力感が2人を支配していた。

■理解と決断

経営者とは、実に孤独な役割だ。社員の前では常に威厳を保ち、彼らに安心感を与えるため、時には意に反して自信に満ちたように振る舞わねばならない。社員の間では「天皇」と陰で呼ばれている宮上にも、困ったとき、悩んだとき、弱気になったときに相談する相手が必要だった。

数年前に親しい知人を通じて紹介された経営コンサルタント。もともと叩き上げで武闘派の宮上は、そういう類の「人種」を最も毛嫌いしていたのだが、なぜか彼とはたまたまウマが合っていた。

今日はその経営コンサルタントが、幹部社員研修にやってくる日だった。宮上は研修が始まる前に、彼を社長室に呼んだ。

「おはようございます、宮上社長」

「ああ先生、まあ座ってください。ちょっと相談したいことがありましてね。少し時間をいただいても大丈夫ですかね？」

「ええ、私は構いませんが、もうすぐ研修が始まる時間ですよ」

「幹部連中には申し訳ないが、開始時間を少し遅らせましょう」

宮上は秘書にその旨を内線で手短に告げた。

「わかりました。ところでなにかありましたか？」

「ああ。うちの瀬知というエース級の店長が『付帯商品の販売強化で客単価を回復させたい』と言ってきた。しかし、本当にやらせていいものかどうか、判断がつかなくて迷ってるんだ。先生はどう思うかね？」

「私はやるべきだと思いますよ。いろんな業種のコンサルに携わっていて感じることですが、いま、そういう『**業際化**』の動きがどんどん加速しています」

コンサルタントはその場で即答した。

「業際化、ですか？　初めて聞く言葉ですな。もう少し噛み砕いて説明をしてくださいよ」

「確かに普段はあまり耳にしない表現だと思います。従来の業種の際（きわ）、つまり境目がなくなっていくことを指して業際化というんです。あらゆる小売・サービス業は、市場の成熟化とともに業際化の方向に進んでいきます。あえてもう少し厳しい言い方をすれば、生き残っていくにはその方向に進まざるを得ないと言っても過言ではありません」

「なるほど、最近その動きが加速しているんだが、私にはあまり実感がないんだが……」

「いえ、少し注意して観察すると、日常のあちこちでそういう現象が進行しています。たとえば、社長の分厚い財布の中のお金、どこで引き出しました？」

「もちろん銀行だが。ただ、こういうことは嫁さんに任せてある。家に帰ったら財布ごと渡して、中身を翌朝までに補充するように言ってあるからな」

「さすがに社長ともなると違いますね。でも奥さんは、深夜に社長が帰宅されて財布を渡されたとき、たまたま家に現金を持ち合わせてなかったら、どうしているんでしょう？」

「そりゃ、近所のコンビニに行ってＡＴＭで引き出してくるのかもな……。昔は金を引き出すといえば銀行と決まっていたが、今はコンビニでも引き出せる」

そう言ってしばらく間を置いた後、何かを思いついたように宮上はポンっと膝を叩いて言った。

「そうか、これが業際化なんだな」

以前、瀬知に万年筆を例に説明されたときは「たまたまママが商売上手なんだ」と思っていたが、銀行とコンビニというまったく異なる業種を例に示されて、やっと腑に落ちたらしい。

「我々がやらなければ、逆に他の業者にやられてしまうのか……」

「そうなんです。**自分の本業を軸として、どんどん他の業種の領域に侵食していくことで、皆、生き残りを図っている**のです。下手をすれば、賃貸物件の斡旋をコンビニが始めてしまうことだって有り得ます」

「そういえば、『薬事法改正でコンビニが薬局の併設を加速させていて、既存の薬局が戦々恐々としてる』っていうニュースが今朝もテレビで流れてたな。不動産会社は不動産を扱っていればいい、という考え方は古いということか……」

「古いというよりは、『もったいない』と思います。せっかくお客様とのファーストコンタクトを握っているのに、物件以外の提案がきちんとできていない。それに、お客様にも不便をかけていることになります。付帯商品の販売に消極的な方は『不動産以外のモノやサービスを売り始めると、本業が疎かになる』と危惧されますが、そもそも付帯商品は入居契約を交わしたお客様に売るのですから、本業が疎かになるリスクは極めて低いと思いますよ」

コンサルタントは宮上の質問に対して、まるで答えを準備していたかのように即答した。他のクライアント先でも同じような質問を受けたことがあるのかもしれない。

「先生、わかりました。実は私もこの状況をなんとかしなければいけないと色々考えていたんだが、瀬知が持ってきた案が最も現実的なように思える。先生もそう言うのなら、ここはひとつ彼のプランを私なりに応援してみることにします」

それまで曇っていた宮上の表情が、明るく晴れていた。すでに、さっきまでの迷いは消えていた。

「社長、瀬知店長ならこれから始まる幹部研修に参加するはずですよ。ちょうどいいことに、他の店長たちも全員揃っています。ここで新しい方針を発表されてはいかがですか？」

「そうだな。『善は急げ』ですな。先生、じゃあいきましょう！」

そう言って２人は席を立ち、研修会場へと向かった。

■方針展開

もともと予定されていた幹部社員研修の開始時刻は午前10時、すでに30分は遅れていた。会場の後部に設置されている喫煙ボックスでは、店長たちがけだるそうにタバコを吹かしながら雑談している。そこへ、社長の宮上が大声とともに入ってきた。

「諸君、おはよう！」

開始時刻を30分も遅らせておきながら、何事もなかったかのようにひたすら「おはよう！」と大声で連呼している。今日はいつもにも増してハイテンションだ。司会者が慌てて全員に着席を促した。

「諸君、この繁忙期は本当にご苦労だった。みんなの頑張りには本当に感謝している。しかし、以前メールを送ったように、今年は非常に厳しい着地になったと言わざるを得ない。契約数も減り、客単価も下がっている。この状況をなんとか打開せねばならない」

宮上はこう言い放って会場を見渡すと、集まった店長のほとんどはうつむいている。宮上は構わず話し続けた。

「そこで、私なりにいろいろ考えた結果、全社を挙げて『**付帯商品の販売強化**』に取り組みたいと考えている。様々な施策を検討してみたが、短期間で収益を改善するにはこれをおいて他に方法はない」

それまでうつむいていた瀬知は首を傾げながら顔を起こし、「はぁ?」という表情で壇上の宮上を見上げた。宮上も瀬知のほうを見ていた。というより、瀬知のことをチラチラ気にしながら話していた。

「いろいろ異論はあるかもしれないが、これはトップダウンで推進するプロジェクトだ。リーダーには瀬知店長を任命する。他の店長は瀬知店長にしっかり協力してやってくれ。いいな、瀬知君！」

　あまりに突然のことで、瀬知には事態が呑み込めなかった。

「前に説明したときにはあれほど突っぱねておいて、何で急にいかにも自分のアイデアかのようにここで発表してるんだ?!」

　瀬知は内心そう呟きながらも、社長が自分に社の命運を託したことはなんとなく伝わり、身震いのような感覚をおぼえていた。

「聞こえていないのか？　それとも瀬知君はここにいないのか?!」

　さっきから何度も目が合っているのに、宮上はわざと瀬知の出欠を確認した。

「は、はいっ！　ここに居ります」

「では、いま私が伝えたことはちゃんと理解したな。早速、着手してくれたまえ」

　他の店長たちは皆、半ばなんのことやらわからず素っ頓狂な表情を浮かべていた……。

＝＝＝＝＝＝

　幹部研修が終わった後、瀬知はすぐさま村石の携帯を鳴らし、事の顛末を伝えた。

「瀬知さん、それは驚きというか、むしろ拍子抜けでしたね。でも、前進しそうでよかったじゃないですか」

「自店の収益改善策のつもりで社長に提案したことが、知らない間に全社プロジェクトに発展したうえに、その責任者に任命されたんだぞ。責任が重大すぎる。凄いプレッシャーだよ」

瀬知は少し動転気味だったが、村石はそれとは対照的に楽観的だった。

「社長が会社の方針として全店長の前で発表してくれたんでしょ？　それに、その責任者に任命されるなんて、そこまでやりやすい環境と条件が整うことは珍しいですよ。頑張りましょう、僕も精一杯手伝いますよ！」

2人は早速、全店長を対象に付帯商品の研修会を行うことにした。スケジュール調整や会場の確保は、こういうことにマメな動きのできる井深にやってもらうことにした。

2人はとにかく事を前に進めようとして、少し焦っていた。

■初期抵抗

瀬知の指示を受けた井深は早速、研修会場を手配した。店長全員が入れるのは本社の会議室しかないのだが、あまり長時間独占すると総務がうるさいので、近所の研修施設を借りることにした。ここは料金が安くていいのだが、なにせ古くて薄汚い。

数日後、急きょ半強制的に招集された店長たちは皆、ただでさえ仕方なく嫌々やって来たのに、薄汚い雑居ビルの貸し会議室に押し込められて、さらにテンションが下がっている。雰囲気としては最悪の状態で、瀬知が口火を切った。

「みなさん、今日はお忙しいところお集まりいただき、ありがとうございます！　先日の社長の方針発表にもありましたように、当社は『付帯商品の販売強化によって収益を改善するための取組み』を本格的にスタートさせることになりました」

会場の反応は鈍い。研修の講師として同席していた村石以外、誰も相槌を打ってくれる者はいなかったが、瀬知と村石には想定内のことではあった。2人は構わず進めた。

「今日は講師として、付帯商品を専門に扱う商社の村石さんをお招きしています。付帯商品とは何か、なぜ我々はこれから付帯商品の販売を強化するのか、そういったことをお話していただこうと思います」

村石が立ち上がり、小走りで演台に向かった。

「はじめまして、村石と申します。今日はみなさんに付帯商品を扱うメリットから、具体的な販売方法、現場への落とし込み方などについてお伝えしますので、どうぞよろしくお願いします！」

そして村石は、付帯商品を導入する必要性やメリットなどについて、流暢に説明を始めた。

30

分ほど経った頃、それまで黙って話を聞いていたベテラン店長の一人が、「先生、ちょっといいですか」と村石の話を遮った。

「先生の言っていることは間違ってない。付帯商品を扱って収益単価を維持する必要があるのもよくわかる。しかし、君は現場の事情をわかっていない」

「と、申されますと?」

村石は、冷や汗がにじみ出る感覚をおぼえながらも、精一杯平静を装って答えた。

「現場の接客は、色々やることがある。これ以上、余分な商品のことを説明する余地なんて残っていない。村石さんは、繁忙期の凄惨な状況を知らないからわからないと思うがね」

このベテラン店長の反論を皮切りに、他の店長からも様々なネガティブな反応が百出した。

「お客様に余計なものを押売りしたくない」

「お客様は初期費用を少なくしたいと言っているのに、逆行するのか?」

「他の説明が色々あって、付帯商品のことなんて紹介する暇がない」

「申し込みした後の手続きが面倒くさい」

「商品が複雑すぎて覚えきれない」

予想以上の抵抗反応だった。しかも次から次へと、まるでドロドロとしたマグマのように沸々と湧き出てくる。

村石は長年の営業の経験上、こうしたネガティブ意見に対する応酬トークは、きちんと引き出しの中に持っている。しかし、それはあえて使わなかった。この状況で店長たちを言いくるめても、対立の構図が深まるだけだと判断したからだ。

そこで、村石は方向性を切り替え、店長たちの意見を傾聴することとした。聴くことによって、相手の気持ちを理解しようとする姿勢を示し、ラポール（信頼関係）を形成することが先決だと判断したのだ。

「なるほど、みなさんのご意見は非常に参考になります。障害となる要因や導入によるデメリットがあれば、どんどん仰ってください」

村石は店長たちから噴出する反対意見やネガティブ意見を受け止め、すべてホワイトボードに書き留めていった。そして、それらが出尽くしたところで一旦10分間の休憩を挟むことにした。

■初動

休憩時間中、村石は黙ってホワイトボードと睨めっこをしていた。瀬知は心配そうに村石の様子を眺めていたが、居ても立ってもいられず沈思黙考中の村石に話しかけた。

「村石さん、大丈夫なのかな?」

「安心してください。後半、ちゃんと盛り返しますから」

村石はそう言って、それまで百出したネガティブな意見を書き留めたスペースの上部にタイトルを付けた。

〈ネガティブ〉と書かれている。

そして、わざとスペースを空けておいたホワイトボードの右側の上部にも、対になるようにタイトルを書き込んだ。

〈ポジティブ〉

やがて、休憩時間が終わり、村石は全員に着席を促した。

「忙しい現場で新たに付帯商品を扱うのは難しいという意見や、様々なデメリットをこのようにたくさん挙げていただきました。すべてここに書き留めてありますが、他にも何かあれば仰ってください」

案の定、店長たちからは何も反応がない。村石はネガティブな議論にここで終止符を打った。

次に、話の流れを切り替えるためにこう続けた。

「ただ、逆にメリットがまったくないわけでもないと思います。そこで後半は、あえてポジティブな意見を意識的に出してみてもらえませんか？　これも、私なんかよりも現場の事情を熟知しているみなさんのほうが、リアリティのあるご意見をお持ちだと思います。いかがでしょうか？」

村石の問いかけに店長たちは徐々に考え始めたものの、しばらくは皆腕組みをしながら黙りこくっていた。その気まずい雰囲気に耐えかねた若い店長が、ぼそぼそと話し始めた。

「我々は、来てくれるかどうかわからないネットの向こう側にいるお客様のために、実際かなりの時間を費やしています。新規の反響を獲得するために手間とお金をかけるのも大事ですが、目の前のお客様にしっかり対応して、部屋以外にも色々提案したほうが、実は効率的かもしれませんよ」

そう話し終わって「どうだ」と勝ち誇った様子の店長に触発されて、何人かが後に続いた。

「防犯面を心配する若い女性客から『この物件のセキュリティ対策はどうなっていますか？』と質問されることがよくあるんだ。そういうとき、セキュリティレベルの高い鍵への交換を提案したら喜ばれるんじゃないかな。そうやって**入居者が望んでいたり、いずれ必要になるモノを、部屋探しの入り口できちんと提案するのは凄く良いこと**なんじゃないかな」

「なるほど！　女性はセキュリティを気にされますからね」

村石はわざと大げさに相槌を打った。

「付帯商品を扱うと確かに説明の手間は多少増えるけど、**募集図面や見積書にはじめから盛り込んでおくとか、案内の車中で事前に前フリをしておく**とか、いろいろ工夫はできると思うな」

「素晴らしいアイデアですね！　実際に、後部座席のお客様が座られる目の前に付帯商品のPOPを吊り下げたり、車載モニターで付帯商品の紹介映像を流している会社の例もありますよ」

村石は他社の取り組み例をさりげなく紹介した。

「商品が煩雑すぎて覚えられないなら、**まずは店の客層に合わせて扱う商品を絞り込めばいい**んじゃないかな。そしてスタッフが慣れてきたら、徐々に商品を増やせばいけるかもしれない」

「そうですね、同時にたくさんの付帯商品の説明トークを体得するのは大変ですが、少しずつなら無理なくいけるかもしれません。導入初期に『○○キャンペーン』と称して販売インセンティブを多めに付けて社員に発破をかける会社もありますね」

こうしてしばらくの間、店長たちと村石のキャッチボールが続いた。

人間は、自分の意見やアイデアとして発言したことには、主体性と自主性を持って関ろうとする。たとえ同じ内容であっても、一方的に説明を受けたり指示された場合よりもはるかに高いパフォーマンスを発揮するものだ。村石は研修が終わった後の「現場導入」のプロセスで店長たちに自主的・積極的に取り組んでもらえるよう、意識してコーチングのスタンスに徹していた。

最終的に店長たちは、「ひとまずやってみようじゃないか」という姿勢になりはじめ、各店で現場に落としてみようということで、1回目の研修は散会した。

■笛吹けど踊らず

1回目の研修では店長たちのあいだに「やってみよう」というムードが生まれた。

しかしながら、事はそう簡単に運ぶものではない。数日後の定例店長会議で、瀬知がその後の付帯商品の販売状況を各店長に聞いてみたところ、ほとんどの店でまだ動きがないという。

唯一、瀬知の店で2割程度の付帯率を確保しているだけで、他店は「ほぼ全滅」という惨憺たる状況だった。店長たちは次々と言い訳をはじめた。

「スタッフにしっかり売るように指示したが、なかなか売れない」

「村石さんに教わった販売トークや前回の研修で話し合った工夫をしてみても、スタッフが全然本気で取り組まない。やっぱりあれは机上の空論じゃないのか？」

店長たちは一様に、「命令はしたが、営業スタッフがその気にならない」と言い訳をしている。

ある店長が、唯一そこそこの付帯率をあげている瀬知に話を振った。

「瀬知店長の店では少しずつ売れ始めているようですが、どのようにしてこの数字をあげられたのですか?」

「ええ、これはほとんど私が接客したお客さんにお薦めしたものです。まずは、言い出しっぺの店長がやって見せないことには、部下はついてきませんからね」

「なるほど、『**率先垂範**』というわけか。でも、瀬知君の部下はまだそれに呼応して動いていないんだよね?」

意地悪そうなベテラン店長が横槍を入れてきた。

「実はまだ、部下たちには今回の取り組みの概略を説明しただけで、本格的に売るように指示を出していないんですよ。まずは私が自分でやってみて、一通りお客様とのやり取りを体験しないことには、後で部下たちから質問や相談をされても答えられなくて困ると思いましてね。それに、部下たちも店長自らがきちんと売って成果をあげれば、逃げ道がなくなるし、言い訳もできない。私はいつも新しい取り組みを現場に落とすときはこうしているんです」

「なるほど単に指示をするだけじゃ駄目というわけか。しかし、店長は全体を俯瞰する役割で、あまり現場で細かいことをやるもんじゃないと思うんだがね」

勤続20年の別のベテラン店長の発言だった。

「いや、それはリーダーシップとマネジメントを混同していると思います。**率先垂範を伴うリー**

ダーシップがあってこそ、マネジメントは有効に機能するものだと思います。我々のような中間管理職は、この使い分けをきちんと意識することが大事だと思います」

瀬知のはっきりとしたものの言い方に、ベテラン店長はややプライドを傷つけられたらしく、急に噛み付いてきた。

「なんだかわかったような口をきくじゃないか。そこまで言うのなら、瀬知君のお手並みを拝見してから、それがうまくいったら我々も真似させてもらおうじゃないか。なあ、みんな」

古参で発言力の大きいベテラン店長たちに同意を促されて、他の若手店長たちは黙って頷くしかなかった。瀬知は、迂闊にもその挑発に乗ってしまった。

「ええ、いいでしょう。その代わり、私の店の付帯率が50％を超えたら、みなさんは私のやり方を黙って受け入れてもらえるんですね？」

瀬知はついむきになって啖呵をきってしまった。

「もちろんだよ、なあ、みんな？　まあ、そんなことにはならないと思うがね」

明らかな挑発行為だった。瀬知は意地でも50％を超してやろうと内心奮起していたが、一方で「もし自店が付帯率50％を超えたら自分のやり方を受け入れる」という彼の約束を信用しているわけでもなかった。

「このままじゃ、９月からの第二繁忙期までの全社展開は不可能だ。何か手を打たねば……」

瀬知の焦りは、さらに増すばかりだった…。

■ブレークスルー

瀬知は店長会議を終えて本社を出た後、自分の店へと急いでいた。一刻も早く、付帯率50％を達成するために、すぐにでも自店の全営業マンに付帯商品の販売を開始するように指示を出そうとしていた。

「以前にも概略は伝えてあるし、付帯商品をお客様にお薦めしていた俺の姿を傍目に見ていた部下たちは、抵抗感なく取り掛かってくれるはずだ。ただ、**しっかりと方針を伝えないと本気度が伝わらない**。最初が肝心だな……」

瀬知は心の中でそうつぶやきながら、店へと営業車を走らせた。

そして店に着くや否や、全スタッフをカウンターの前に集めて、いつもより強い口調で話し始めた。

「以前にも伝えたとおり、私はこないだから付帯商品の販売強化に本気で取り組んでいる。そもそもの目的はこの店を存続させ、みんなの雇用を確保し、そして待遇を向上させるためだった」

スタッフたちは急に神妙な面持ちになった。瀬知がなにやら始めたことはなんとなく知っていたが、それが自分たちの雇用を守るためだったと知らされたのは初めてだった。

「運のいいことに、宮上社長は付帯商品販売強化プロジェクトを発足させ、私をそのプロジェクトの実施責任者に任命した。責任重大だが、これは大きなチャンスだ。ただ、他の店も含めた会社全体がよくならないことには、我々だけがよくなるということは有り得ない。それにはまずはこの店で成果をあげて、それを他店に示さなくてはならない。みんなの協力が必要だ。ぜひとも力を貸してほしい」

最初に呼応したのは副店長の井深だった。いつもはお調子者で大して頼りにならないのだが、今回は瀬知の本気が伝わったらしい。

「わかりました！　全力でやりましょう。というか、やるしかないですよね！」

周囲に同意を促しながら、井深は続けた。

「といっても、我々には商品知識も販売スキルもまだ十分にありません。早速、勉強会を開いてもらえませんか？」

「しばらく店休日はないぞ。一体いつやるんだ？」

「開店前の早朝か、閉店後の時間があるじゃないですか！　みんな出れるよな？」

井深は半ば強引に参加を促したが、どうやらその必要はなかったようだ。その様子を見て、瀬知は村石にその場で電話を入れた。店内勉強会の講師を依頼するためだ。

「村石さん、ご無沙汰してます」

「ああ、瀬知店長、その後どうですか？　そろそろ数字が上がり始める頃ですね！」

相変わらず大きな声だ。電話のスピーカーから聞こえてくる声が少し割れている。それとは対照的に、控えめな声で瀬知が答えた。

「いやぁ、実はこれからなんです。スタートダッシュを勢いづけるために、また御社の力をお借りしたいんだ。申し訳ないんだけど、うちの営業スタッフ向けに勉強会を開いてもらえないかな？」

「そう言ってもらえるのをずっと待っていました！　もちろん、喜んでお引き受けいたします」

「ただ、日中に時間がなくて……」

瀬知が少しためらって語尾を濁したところで、村石が間髪いれずに答えた。

「それじゃあ、開店前の早朝か閉店後にやらせてもらえませんか？　現場の勉強会でしたら、私の部下に全国の現場を飛び回っているインストラクターが何人かいますので、彼らを派遣させていただきます」

2人の思いが、シンクロしていた。

＝＝＝＝＝

瀬知と村石の話し合いの結果、勉強会は3日後の朝7時から開店までの時間に行うことになった。講師を担当するのは、村石の部下の青越と鶴崎の2名。なんでも全国の不動産会社の現場を飛び回っていて、東京の自宅に戻るのは会社の会議日と週末だけという生活を、もう何年も送っているらしい。

早速、瀬知が2人をスタッフに紹介し、2人は手短に自己紹介を述べた後に勉強会をすぐにスタートさせた。2人とも手際よく進めることに慣れている様子だ。最初に立ち上がったのは青越だった。

「それでは、早速始めさせていただきます。今日の到達目標は、みなさんにいくつかの商品をお客さまにお薦めできる状態になっていただくことです。私は『商品知識』のパートを受け持ちます。『接客フロー』『接客トーク』については鶴崎が担当しますので、どうぞよろしくお願いします」

青越は外見からは想像のつかない張りのある声で颯爽と説明した。やや薄毛だが、年齢は意外に若いらしい。

その間、鶴崎はアジェンダとテキストを配布していた。

「一通りテキストに沿って説明させていただいた後に、簡単な『理解度テスト』を行いますので、説明は真剣に聴いておいてください」

受講者は声には出さないものの、一様に「え、テスト?」という表情をしている。

続いて、資料の配布を終えた鶴崎が話し始めた。

「後半は、実際に接客のロールプレイングをやっていただこうと思います。私がお客様役を担当させていただきます」

やたらとでかい声だ。鶴崎はテンションが上がると、声のボリューム調整ができなくなるらしい。そこへ、井深が負けじと大きな声で口を挟んだ。

「鶴崎さん、ロールプレイングまでやるんですか?　大の大人がちょっと恥ずかしいなぁ」

鶴崎はそれを受けて、さらに大きな声で返した。

「みなさん最初はそうおっしゃいます。でも、知識を頭に詰め込んだだけでは、接客のときに言葉や行動が咄嗟に出てこないんですよ。それにロールプレイングを他の人に見てもらうことによって自分の接客のいい点・改善点が浮き彫りになります。大丈夫です、みんなでやれば恥ずかしさなんて吹き飛んで、いつの間にか楽しくなってきますから」

「そんなもんですかねぇ……。まっ、演技には自信があるんで頑張ってみますよ。こないだも彼女に浮気がバレそうになって、抜群の演技力でその場を乗り切りましたし」

店内に笑いの渦が起こった。井深の「自虐的アイスブレーク」のおかげで受講者の緊張がほぐれ、そこから終始、勉強会は和やかなムードの中で進行した。

スタッフにも「やれるかもしれない」という自信の表情が浮かび始めた。

＝＝＝＝＝

勉強会の効果はまさに「てき面」だった。勉強会の直後から徐々に付帯率が上がり始め、2週間後には25％、4週間後には35％と順調に数字を伸ばしていった。

「これはいけるかもしれない」

そう感じた瀬知は、現場の旗振り役を井深に譲り、自分の傘下に属している他の店にも同じムーブメントを起こすため、しばらく本店を空けることにした。

■稼動、そして失速

インストラクターの青越と鶴崎の骨身を惜しまない活躍のおかげもあり、傘下の他店にもようやく付帯商品販売強化に向けた動きが出始めたところで、瀬知は青越と鶴崎とともに久々に本店に顔を出した。

ところが、ここでとんでもない状況を目の当たりにする。数週間前まで順調に上がっていた付帯率が今度は逆に急降下しはじめているのだ。

「おい、井深！　これはどういうことだ？」

「す、すみません。最初のうちはよかったのですが、私が気を抜いてあまりうるさく言わなくなった途端に、みんなが段々面倒がってやらなくなってきたんです」

「おい、お前に任せたんじゃないか。しっかりしてもらわないと困るぞ！」

瀬知は苛立ちを隠せなかった。その様子を傍で見ていた青越が何か言いたそうな顔をしている。

「瀬知さーん、青越さんが何か言いたいみたいです」

鶴崎だった。

「こらお前、余計なことすんな！」

慌てて青越が鶴崎を制止したが、瀬知は絶望の淵から救われたかのように、期待に満ちた表情で青越のほうを見ている。

「青越さん、何か挽回策があるなら、もったいぶらないで教えてくださいよ！」

「いや、挽回策というほどではないんです。以前に他の店でも同じようなことがあったんですが、そのときは個人別・商品別の付帯率を集計してそのグラフを店の見えやすいところに掲示したんです。そしたら、みんながそれを意識し始めて、付帯率がじわじわと再上昇したんですよ」

「そんな単純なことで、ですか？」

「そうなんです。私も最初はダメモトで提案したんです。うちの会社の集計システムから毎月の個人別販売実績データを拾って棒グラフを作成し、それを毎月お店に持っていってバックヤードに貼り出してみたんです。すると、それまで下降気味だった数字が、不思議と上昇基調に転じたんですよ」

　今度は隣で頷いていた鶴崎が、青越の説明を補足するように話し始めた。

「そういえば、私も似たようなことを試したことがあります」

「同じようにグラフを張り出したの？」

「いえ、私の場合は当時、多店舗展開されている会社の担当でしたので、店舗別・個人別の販売数量ランキング表を全店舗にファックス配信してみたんです。すると、店長同士で隣の店を意識したり、『個人ランキングでトップを狙ってやる』という営業マンが次々に現れ始めまして、いい意味の競い合いが始まったんです」

「なるほど、2人ともさすが現場の事例を豊富にお持ちですね」

瀬知は、2人の話を聞いて、**「数字による進捗管理とフィードバックの重要性」**を再認識していた。

人は誰かから見られることで自分の行動を意識する。営業の世界では、少しでもいい数字を挙げて周囲に認めてもらいたいという意識が自然と働く。逆に誰も見ていない、評価してくれないことに対してはモチベーションが消失し、徐々に社会的手抜きを行うようになる。周囲が手抜きしている様子を確認して、徐々に「ならば自分も」とお互いに手を抜き始めるのだ。今回の失速は、この社会的手抜きが生じやすい環境を放置してしまったことが原因だった。

瀬知は井深を呼びつけた。

「これから毎日、付帯商品の販売実績を個人別に集計して私に毎日報告するように。付帯商品の販売状況が記入できるように、業務日報のフォームを今すぐ変更しておいてくれ。青越さん、鶴崎さん、何か雛形はありませんか?」

「もちろん、ありますよ。徹底した進捗管理で数字をあげている会社の社長からいただいた業務日報のフォームがあります。これを参考にしてください」

瀬知は続けて店の全スタッフをカウンターの前に集合させた。

「これから毎週月曜日の朝、付帯商品販売の進捗管理会議を行う。参加対象者はすべての営業職。この会議で各個人の商品別販売実績を確認して、優秀者にはその好事例を発表してもらうとともに、販売不振の人をフォローしてもらいます。この会議で日ごろの成果をきちんとアウトプットできるよう、日々、付帯商品の販売に真剣に取り組むのはもちろん、『もっとこうすればよくなるのではないか?』という仮説をもって業務にあたるように。これからしばらくは全スタッフで競争だ!」

■変革の傍観者たち

手綱を締め直して再出発した瀬知の店は、再び持ち直し始め、付帯率も40%を超えるところまで漕ぎ着けていた。

あと少しのところまで来ていた。ベテラン店長に向かって啖呵をきってしまったこともあるが、自店の入居契約数に対する付帯商品販売比率が50%を超えれば、このモデルを一気に全社展開できると踏んでいた。

しかし、付帯率40%を超えたところで、しばらく足踏み状態が続いていた。それに、他の店長は相変わらずみな「高みの見物」を続けている。

このままでは全店舗への導入など実現するわけがない。自店の「50%超え」すら危うい状況だ。

「ここは宮上社長の力を借りるしかないな……」

瀬知は本社の社長室へと向かっていた。「付帯商品販売強化プロジェクトの経過報告を行う」という建前で宮上にアポを取っていたが、本当の目的は他にあった。

＝＝＝＝＝

「プロジェクトの途中経過報告に参りました」

社長室に入った瀬知は開口一番、建前上の目的を告げた。

「途中経過報告じゃなくて、言い訳に来たんじゃないのかね?」

宮上はまたいつもの圧迫面談モードだ。しかも何かを見透かしているかのようだった。瀬知は前回の二の舞を避けて、あえて強気に反論せずにそれを受け容れるように答えた。

「さすが社長、実は今日ここに来させていただいた目的の半分以上は『言い訳』と『泣き言』です。相談に乗ってもらってもいいでしょうか?」

こう言われると、親分肌の宮上は弱い。強く出る人間には強く当たるが、弱っている人間にはつい優しくなってしまう。

「あ、ああ。もちろんだ。なんでも相談しなさい」

「ありがとうございます。社長に方針を発表していただいてから約2カ月で、少なくとも私の担当店舗では付帯率40％にまで漕ぎ着けて、取扱商品も3～4商品にまで広げるところまできています。ただ、あと一歩なんです」

「なかなかよく頑張っているじゃないか。それに、君自身の力でそこまでやってきたのだから、卑下する必要はないと思うよ」

宮上はすでに「慰めモード」にすっかり切り替わっていた。

「いえ、自店に関しては確かにあと一歩なんですが、私が社長に申し付かったのは『全社への導入責任者』です。そういう意味では、あと一歩どころかまったく目処が立っていません」

「どういうことだね？　確かに君をプロジェクトの責任者に任命したが、他の店長にも『しっかり協力するように』と伝えたはずだぞ」

「はい。ところが私の仕切りが悪くて、相互協力体制になっていないんです。他の店長たちは高みの見物を決め込んでいます。つまり、今回のプロジェクトに責任を負っているのはあくまで瀬知であって、自分たちは傍観者という構図になっているんです」

「やはり、そうなってしまったか……」

宮上はそうなることをある程度予測していたかのようだった。そして、こう続けた。

「組織というのは、1割のリーダーが変革を起こし、1割の変革を好まないレジスタンスがその足を引っ張る。そして、残り8割のフォロワーがいずれかに追従する。変革を成功させるには、8割のフォロワーがリーダーに追従しやすい環境を整える必要がある」

宮上は急に組織論を語り始めた。今回は、誰かの受け売りではなさそうだ。

「とかく人間というのは、変革よりも安定を好む。だから8割のフォロワーは、ともすると変革に抵抗するレジスタンスのほうになびいてしまいやすい。瀬知君はまさに今、その状態に頭を抱えているわけだ」

「社長、さすが鋭いですね……。それで、私はどうすればいいんでしょうか?」

「今なぜ変革が必要かについては、すでに私や君から説明済みだ。彼らは『なぜやらなければならないか』はすでに理解しているとしよう。次は、変革を起こすことによる自分たちのメリット、逆に変革に協力しないことによるデメリットを明確にする必要があるな」

「つまり、他の店長の立ち位置を『傍観者』ではなく、『当事者』にさせるということですね」

「そういうことだ。評価制度の枠組みに『付帯商品への取り組み姿勢と実績』を盛り込むように、私から人事部に伝えておこう。評価指標や評価プロセスなどの細部は、君のほうで素案を作ってくれ。特に、店長はこの指標で厳しく評価するように設定してくれ。ただし、彼らの『やる気』と『自尊心』には上手に配慮するように」

「社長、本当にそこまでやっていいんですか？」

「当たり前だ。以前にも言ったように、これは全社を挙げた収益改善プロジェクトだ。いや、わが社の体質改善プロジェクトと言っても過言ではなさそうだ」

昨年まで続いた好景気のせいで、社員たちの意識が安住志向、大企業病に陥りかけていることを誰よりも危惧していた宮上は、「付帯商品販売強化」という新しい取り組みに乗じてそれらを一掃しようと考えていたのだ。

■諸刃の剣

瀬知は早速、自分なりに評価制度の素案作りに取り掛かった。もちろん、こういうことに取り組むのは初めてのことだ。

まず、全社としての付帯商品販売収益の年間目標値を定め、次にそれを各店に割り当てていって各店の販売目標額を算出する。

その数値を各店店長の年間達成ノルマとして設定し、達成したら昇級昇格のプラス査定と賞与インセンティブ、未達成に終わればマイナス査定と賞与減額が容赦なく断行されるという内容だ。

「我ながら上出来だな」

瀬知はやや悦に入りながら、自分が作った素案をパソコンの画面で眺めていた。

ただ、瀬知はこの分野は専門ではない。そこで、宮上が懇意にしている経営コンサルタントの意見を、あくまで「参考までに」聴いてみることを思い立ち、早速アポを申し入れた。

その3日後、瀬知はコンサルタント会社の丸の内オフィスを訪れていた。通された応接室からは広大な皇居の敷地が眼下に広がり、その向こうには市ヶ谷の防衛庁のビルが遠く霞んで見えている。

「こんにちは、瀬知店長、最近すごく頑張ってるらしいですね。社長からも聞いてますよ」

「いや、いよいよ尻に火がついて慌ててるだけですよ。しかも、かなり空回り気味です」

「なんでも付帯商品をみんながちゃんと扱うように、新しい評価制度を導入するとか？　今回はかなり本格的ですね」

コンサルタントが挨拶代わりに軽い質問を瀬知に投げかけているその隣で、そのコンサル会社の新人らしき若者がせっせと書記をしている。瀬知はスラスラと動くペン先をやや気にしながら答えた。

「ええ、社長もかなり気合が入っています。どうやら、これを機に組織体質の改善を同時に着手しようとしてるみたいです。まさか評価制度にまでメスを入れるとは正直思っていませんでした」

書記役の新人のメモには『旧態依然とした組織体質の改革を目的として新評価制度を導入』と、やや大げさに記されている。

「評価制度はまさに『組織の生態系』ですからね。**人は評価される方向に向かって動く**。しかし、一方で評価制度は『諸刃の剣』です。使い方を間違うと致命傷を与えかねない」

さっきまで穏やかだったコンサルタントの顔が、急に険しくなった。

「日本的な年功序列制度で長年やってきた富士通が、急に成果主義の評価制度に移行して組織がガタガタになったという有名な話をご存知でしょう？　かのドラッカーも『私の最大の失敗はGEに成果主義を導入させてしまったことだ』という言葉を残している」

「インセンティブとかノルマはやらないほうがいいという意味ですか？」

「いや、そうは言っていません。ただ、会社の目指すビジョンや組織の風土、ひいてはそこで働く社員の心を無視した評価制度は、組織に定着しないばかりか、組織と人心を荒廃させてしまうリスクがあるということです」

「なるほど、奥が深いのですね……。で、いったい何から始めればいいんでしょうか？」

「まずは、トップの『思い』を正しく知ることです。社長は、どんな組織を作り上げたいと思っているのか、どんな組織風土にしたいと思っているのか。次に、現実を正しく把握し、理想とする組織に『徐々に近づける方法』を考えることです」

瀬知は恐る恐る自分が作ってきた素案を鞄から取り出し、机の上に広げた。コンサルタントはそれを軽く読み返した後、ややため息混じりにコメントを吐き出した。眉間に寄った皺がさらに深くなっていた。

「まさに、これが『心のない評価制度の典型例』です。まるで社員たちに『黙って会社の決めたノルマをやれ。ロボットか機械のように』と強要しているとしか、私の目には映りません。宮上社長が標榜している組織風土改革とは、果たしてこういう方向を向いているのでしょうか？」

コンサルタントは強い口調で瀬知に迫った。その目線は瀬知の目をしっかりと見据えている。

「い、いえ……。恐らく少し違うと思います。社長が望んでいるのは『自分の頭で考え、内発的な動機づけによって自分の意思で果敢にチャレンジする組織』だと思います」

やや押されながら答えた瀬知に、コンサルタントはさらに迫った。

「素晴らしいですね。そういう風土が組織に芽生え始めたら、本当に強い会社になると思います。

瀬知さんは社長の思いをしっかりと理解しておられる。しかし、それなのに、どうしてこんな一方的なノルマ強要的な評価制度を作ろうとしているのでしょう？」

「そ、それは……。たぶん、私の焦りの顕れです。『付帯商品の販売を他の店にもなんとしてもやらせなければ』という焦りが出てしまったのだと思います。今回、他の店長と対立関係に陥ってしまったのも、私がみんなの気持ちを無視して『とにかく売らせよう』としたからかもしれません……」

「おそらくその通りでしょう。でも今回、そのことに瀬知さんが気づかれたことはとても大きな意義があると思います」

コンサルタントの表情が少し緩んでいる。瀬知が自分が投げかけた質問によってそのことに気づいたことに、安堵感を覚えているかのようだった。さらにこう続けた。

「『**やらされ感**』を伴うと人間は反発します。そうでなくても、本来持っている力の半分も出せません。ポイントはやらされ感をできるだけ減らし、『**やりたい感**』をどう増幅させるかです。ところで、瀬知さんはなぜそんなに一生懸命仕事をするのですか？」

「そんなの考えたことありません。仕事は『やらなきゃいけないもので、やって当たり前』だと思っていました」

「本当にそうでしょうか？　では、質問を変えます。仕事を通じてやり甲斐や喜びを感じたことはありませんか？」

「それはあります。自分の意見やアイデアが採用されたり、お客様や上司・部下から『あなたのおかげで……』と感謝されたとき、難しい案件をカタチにして達成感を味わう瞬間とか、自分が立てた仮説や創意工夫で仕事がうまくいったときとか……」

「それです。それをカタチにするんですよ。評価制度という堅苦しくて狭い枠内で考える必要はないんじゃないかな」

「そうですよね。もともとの目的は、皆にイキイキと前向きに自主的に仕事に取り組んでもらう環境を整えることでした。それがいつの間にか、評価制度を作ること自体が目的に摩り替わっていたのかもしれません……」

■「やらされ感」から「ワクワク感」へ

その後の話し合いの結果、「**①目標設定↓②行動設定↓③進捗管理↓④賞賛・承認**」の４つのプロセスに分けて仕組みを考えることになり、さらに数時間の議論を経てある程度の方向性が導き出された。

書記役の新人が作成した議事録には、こう記されている。

【①目標設定プロセス】

・目標設定の前に、「なぜやるのか」という目的を再度しっかり共有する。
・目標とは目的を達成するためのマイルストーン。トップが全体の到達目標を示した後、まず店長たちに自分たちで「どの程度できそうか」を考えさせる。
・店長が自分たちで考えた各店目標についてトップと話し合い、「これなら頑張れる」という、お互い納得のいく妥結点を探るプロセスを設ける。
・最終的にコミットした数字を全社で積み上げ、改めてそれを全社目標とする。

【②行動設定プロセス】

・コミットした目標を「どのようにして達成するか」という行動計画を四半期単位で設計し、その内容を店長同士で発表・指摘しあうことで互いにブラッシュアップするプロセスを設ける。
・行動計画の記述にはできるだけ共通のフォームを使用し、店舗間で情報共有を行いやすくする。

また、店長が作成した店単位の行動計画シートを、店に所属する個々の営業マンの行動レベルでの計画にブレークダウンして作成させる。

【③進捗管理プロセス】

・自ら設定した数値目標や行動計画の進捗状況を、店長同士で共有する場を定期的に設ける。
・これと同じことを店長が店内にて営業マンに対して毎月実施し、各メンバーの取り組みをフォローする。

【④承認・賞賛プロセス】

・各店の達成状況を毎月全社にフィードバックし、上位店舗の成績優秀な営業マンを全体会議で表彰する。
・達成インセンティブは個人単位ではなく店舗単位で毎月小刻みに支給し、短いスパンで店舗全体で喜びを共有させる。
・年間を通じた達成インセンティブは、達成上位店舗のメンバーを未達成下位店舗のメンバーが接待するなど、ゲーム感覚を持たせる。
・「お客様からの感謝の声」「仲間からの感謝の声」など、数字以外のモチベーション向上要素も盛り込む。

＝＝＝＝＝＝

「これならみんなやりがいをもって、前向きに取り組んでくれるかもしれません。最初の素案とまったくガラリと変わってしまいましたが……。でも、なんだかやれそうな気がしてきました」

瀬知は少しワクワクしていた。

「その『**やれるかも、やってやろう**』というワクワク感が大事なんです。あとはそれを他の店長と共有できるかどうかがポイントですよ、瀬知さん。健闘を祈ります！」

瀬知は軽い足取りで、夕日照りつける丸の内の高層ビル街を後にした。

■最後のボトルネック

それから数ヵ月後、第二繁忙期（9月～10月）を終えた着地数字は、大幅に改善されていた。

経理の遠田が作成した「KEIRIニュース」というレポートに目を通していた宮上の目に飛び込んできたのは、「粗利益額が大幅改善、昨年堆肥123％」という記述だった。漢字が間違っている。

「昨年対比23％アップ?!　本当にこんなに粗利益率が改善されたのか？」

宮上はわが目を疑い、レポートを作成した経理の遠田にすぐさま内線を入れた。

「遠田君、本当に粗利益率が昨年対比で23％も向上したのかね？　家賃単価が昨年より下がっているのに、なにかの間違いじゃないのかね？」

宮上はいつも、誤字や脱字などを何より真っ先に指摘するのに、今回はそれをそっちのけで大幅に改善した粗利益の真偽の程を確認した。

「いえ、間違いではありません。仲介手数料単価が上がっているわけではありませんが、粗利益額は間違いなく増加傾向にあります。雑収入の増加が粗利益額増加に大きく貢献しています」

「つまり、例の付帯商品販売強化プロジェクトが功を奏しているということか……」

「店舗単位の部門利益管理表を見ても、付帯商品の販売額と粗利益改善率の相関関係が如実に顕れています。特に今回は、ほぼ全店舗で付帯商品の販売額が増加傾向にあることが全社レベルでの粗利率を大きく押し上げる要因となっています」

「瀬知の店だけでなく、今回は全店での取り組みが成功したんだな。瀬知は店長たちの意識をこんな短期間のうちに変えてしまったのか……」

「そのようですね。ただし、まだ意識変革に乗り遅れている店も若干あります」

「どこの店だね？」

「何人かのベテラン店長の店と、彼らの枝店ですね」

「やはり、そこが変革のネックになっていたか。これまで私が何か新しいことをやろうとしてもうまくいかなかったのも、彼らのような旧勢力を動かしきれなかったからかもしれん……」

宮上は反省していた。創業の厳しい時代を共に乗り切ってきたベテラン店長たち。これまで彼らのわがままを放置してきたのは自分自身だった。その結果、彼らが変革のボトルネックになってしまったのだ。

「よし、わかった。彼らについては私のほうで手を打とう。今まで彼らをそういう状態のままで放置してきた私の責任だ」

宮上はそう言って電話を切り、机の右側に置いてある「未処理ボックス」に手を伸ばした。その中から、「全国賃貸管理ビジネス協会・商品セミナー参加申込用紙」というファックス送信されてきたA４用紙を取り出し、参加者氏名欄に自分と瀬知、そしてベテラン店長たちの名前を書き込んで秘書を呼んだ。

「悪いが、これを協会にファックスしておいてくれ」

「かしこまりました。でも、社長が協会のセミナーに参加されるなんて珍しいですね」

「ああ、今回はちょっと目的があってね。それから、村石さんに電話をつないでくれないか?」

宮上は村石と直接の面識はないものの、以前から彼の話は瀬知を通じて耳にしていた。今回の付帯商品導入プロジェクトの推進にあたって村石にいろいろ相談に乗ってもらっていること、現場への研修なども彼の部下がサポートしてくれていることなどを、瀬知から都度報告を受けていたのだ。

瀬知から聞いている話では、村石は協会の商品セミナーの企画を任されているという。

「もしもし、村石さん? はじめまして。瀬知の上司の宮上と申します」

「はじめまして、宮上社長! 社長のことは瀬知さんからいつも伺っております。それにしても瀬知さん、かなり頑張っておられますね」

「ええ、わが社は彼と付帯商品のおかげで救われたようなものです。もしよかったら、今度の商品セミナーの『成功事例発表』の時間で、瀬知に話をさせてやってもらえませんでしょうか? きっとみなさんのお役にも立てると思います」

村石は自分が一生懸命サポートしてきた瀬知と、自分が提案した付帯商品が「会社を救った」と言われて、本当に嬉しかった。自分の顧客から、こういう言葉を掛けてもらうために仕事をしているのだと思うと、心の底から喜びがこみ上げてきた。

人のモチベーションというのは、給料や労働条件といった「衛生要因」よりも、承認や達成といった「動機付け要因」によって本質的に高まるものである。

「ぜひとも！　すでに当日の時間配分はある程度決まっていますが、私のほうでなんとか調整してみます」

そう言いながら、村石はあらためて喜びを噛み締めていた。

宮上や瀬知の成功は、同時に村石たちにとっての成功でもあった。

■雪解け、一体化

そして迎えたセミナーの当日、宮上は瀬知と何人かのベテラン店長を引き連れてセミナー会場を訪れていた。他にも50名程の意欲的な参加者が集まっている。その中では、ベテラン店長たちのいかにもふてくされた態度はひときわ目立つ。

セミナーの前半は付帯商品を提供しているサプライヤー企業による商品紹介。そして後半は会員企業による付帯商品の導入成功事例の発表という流れで順調に進行し、やがて瀬知の出番が回ってきた。

司会者の紹介を受けて、瀬知が演壇に向かった。

「みなさん、こんにちは。瀬知と申します。今日は、当社において付帯商品の導入を決意してから今日に至るまでの紆余曲折や苦労話など、できるだけリアルにご紹介させていただきたいと思います。これから付帯商品販売に取り組む予定の方々、あるいは導入したもののなかなか定着に至らないという方々のお役に立てれば幸甚です」

瀬知は短い発表時間の中で、ポイントを次のように簡潔に整理しながらプレゼンを行った。

（１）賃貸仲介会社の売上構成要素
（２）短期間に収益改善するための秘策としての付帯商品販売への取り組み
（３）付帯商品導入の手順

特に（３）の「導入手順」については、さらに詳細説明を加えた。

①トップによる方針伝達と取り組む目的の浸透
②実行責任者の選出
③ボトムアップによる目標の設定とコミットメント
④商品知識と販売手法の学習
⑤進捗管理と情報共有
⑥販売状況の適時のフィードバックと評価・賞賛の実施

一通りポイントの説明を順を追って行った後に、瀬知は少し間を置いてから話の「まとめ」に入った。

「ただ、ここにご紹介した導入手順は、あくまで『今になって振り返ってみれば』という話です。実際には、この順序を間違えてしまって随分と苦労しました。この通りに進めていればもっとスムースに運んでいたと思います。しかも、私は最もまずいところで順番を間違ってしまったのです」

瀬知はここでひと呼吸はさんで、話の間を整えた。

「実は、最も大切な③の『**ボトムアップによる目標設定とコミットメント**』のプロセスをすっ飛ばして、いきなり④に進んでしまったのです。これはまるで、戦意がまだ形成できていない人に無理やり武器を手渡して、『つべこべいわずに戦え』と言っていたようなもので、それでは成果など望めるはずもありません。これは私の大失敗でした。それによって、本来ならば協力者になってくれるはずの人のやる気を削いでしまい、逆に組織内に軋轢を生んでしまいました。彼らには本当に申し訳ないことをしたと反省しています」

瀬知の本心から出た言葉だった。もちろん「申し訳ないことをした」というのは、ヘソを曲げてしまったベテラン店長たちに向けられた謝罪の言葉だった。

「人の意志や意欲というものが、仕事のアウトプットをどれほど大きく左右するか、今回のプロジェクトを通じて思い知りました。商品知識や販売手法の学習はもちろん大事なのですが、それ以前に『やってみよう』『やれるかもしれない』というモチベーションを喚起し、それを持続させることのほうがはるかに重要であり、難しいということです。**『戦う意志』のない人に『付帯商品という武器』を渡しても、永遠にその武器が使われることはない**のです。この大事なことを見落としていたのは、すべて私の未熟さと焦りに原因があったと思います」

それまで腕組をして懐疑的に話を聞いていたベテラン店長たちは、いつしか身を乗り出し、瀬知の話に耳を傾けていた。

セミナーが終わると、話に感銘を受けた聴講者たちが瀬知を囲んでいた。その輪の中に、あのベテラン店長たちの姿も混じっていた。

「瀬知君、我々も少し意固地になりすぎていたようだ。我々のほうこそ、申し訳なかったよ。謝るのは我々のほうだ……。明日にでも、店の全スタッフに再度このプロジェクトの目的や意義をきちんと伝えるから、またあらためて研修の段取りを組んでもらえるかなぁ」

「もちろんです。こちらこそ本当にすみませんでした」

そこに「組織の壁」など、もはや存在しなかった。

■業界をあげたプロジェクトへ

その様子を傍でじっと見守っていた人物がいた。この商品セミナーが始まってからずっと、会場の後ろのオブザーバー席に座っていた人物だ。どうやら、協会の関係者らしい。その存在感からすると、協会のお偉いさんのようにも見えるが、瀬知の立ち位置からは遠くてよく見えなかった。

セミナーが終了し、参加者が徐々に会場を去りはじめると、その人物が瀬知のほうに近づいてきた。

「今日のプレゼン、本当によかったよ」

「川橋社長！　どうしてここにいらっしゃるんですか?!」

瀬知に付帯商品に取り組むきっかけを与えた、あの川橋だった。

「君にはまだきちんと説明していなかったが、実は私はこの協会の役員をもう何年もやっているんだ。この付帯商品販売スキームで会員企業の収益や生産性の向上に寄与することが、私の役割なんだよ」

「そうだったんですか……。川橋さんがなぜ私に付帯商品に取り組むきっかけを与えてくださったのか、やっとわかりました。でもなぜ、よりによってライバル会社の私に？」

瀬知は、まだ僅かに疑問を積み残していた。

「**こういうことは、業界全体でやったほうがいい**んだよ。みんなでやれば、不動産賃貸業に対する世の中の認識そのものを変えることができる。つまり、どこの店に行っても部屋以外の関連商品やサービスが普通に扱われていれば、お客様にとってはそれが『当たり前』になる。当たり前になれば、こちらも売りやすくなる。部屋以外のものを勧めても決して不自然ではなくなるからね。結果、業界全体が活性化すると思うんだ」

瀬知は川橋の了見の広さ、マクロな着眼点にひたすら感心するばかりだった。

「ところで瀬知君、私が委員長をやっている『新事業新商品開発委員会』のメンバーに、委員として加わってくれないかね？　君のような意欲あふれる若手に関ってもらうことで、会がさらに活性化する」

「川橋社長、お言葉は非常にありがたいのですが、その前に自分の会社への付帯商品の導入と定着がまだ積み残しになったままです。それをやり遂げるのが私にとっては先決です。少しだけ待ってもらえませんか？」

瀬知は丁重に辞退を申し出た。

「だからこそ、君を誘ってるんだ。我々の委員会には君のようなミッションを社内で背負っているメンバーが集っている。皆、君と同じような志を持ちながら、同時に同じような悩みや課題を抱えている。そういう発展途上のメンバー同士だからこそ、互いに共感し、悩みや成功事例を分かち合い、アイデアを出し合うことができる」

川橋の思いはすでに充分、瀬知に伝わっていた。だが、瀬知はまだ戸惑っていた。「参加したい」という思いはあるものの、社長の許可を取り付けなくてはならない。

その背後から、宮上の声が聞こえた。

「瀬知君、やらせてもらいなさい。いや、絶対にやらせてもらうべきだよ」

意外な後押しだった。当初は付帯商品はおろか、協会の会員に登録することすら懐疑的だった宮上が、今は瀬知が協会の委員になることを強く推しているのだ。

「川橋さん。もし本当に瀬知でよろしければ、その会にぜひとも参加させていただけませんか？実は彼を事業継承の候補者の一人として考えていました。川橋さんのもとで鍛えてもらえるなら、これほどありがたいことはありません」

宮上は、「瀬知を事業継承者候補として考えていた」という重大事実を、初めて明かした。今回のプロジェクトの様子を見ていて、その思いが確信へと昇華したのだ。

「わかりました。そのかわり手加減はしませんよ。かなり厳しくやりますが、構いませんね?」

「もちろんです」

宮上と川橋は、固い握手を交わした。

第2話　さらなる飛躍（LISCOモデル誕生）

■新たな壁

あれから数カ月後のある日、村石は頭を抱えていた。といっても、特段何かクレームがあったわけではない。付帯商品の伸びは順調だったが、1社あたりの平均取扱い点数がもう少し増える策はないものかと思案していたのだ。

入居契約時に入居者に説明・提案できる付帯商品の数には限界がある。頑張っている店も平均5～6アイテムが上限のようだ。

「入居契約時以外にも提案・お勧めができるタイミングを探れば、もっと売れるチャンスはあるはずだ……」

これは川橋の仮説だった。問題は接客時以外の『どのタイミング』を販売チャンスとしてモノにするかだが、いい具体策を思いつかない。

そこで、村石は上司の阪井部長にアドバイスを求めることにした。阪井はとある商社のマーケティング責任者の職を経てヘッドハンティングされてきたやり手の関西人である。

「阪井部長、接客時以外に付帯商品を売るなんて、本当にできるんでしょうか?」

「簡単やないけど、『やり方次第』やと思うよ」

阪井はアクの強い関西弁で答えた。

「やり方次第、ですか?　そもそも、契約時以外のシーンでの営業マンと入居者様の接点がイメージできません」

「そう簡単に結論を出したらあかんわ。入居者との接点を大まかに分けると、『契約（接客）時↓入居中↓退去時』ってな具合になるよな?　時間的な尺度で考えると『契約（接客）時』は一瞬やけど、『入居中』の時間は相当長い。ここをどう活かすかやな」

こういう示唆的な受け答えをするのが、阪井の癖だ。

「確かに、入居者様が物件に入居している期間を提案・販売のチャンスと考えれば、不動産管理会社は相当長い期間にわたって販売チャンスを握っていることになりますね」

「そうやろ?　でも、今のところ入居期間中に管理会社と入居者の接点がほとんどない。あるとしたら、クレーム対応と滞納家賃を督促するときぐらいや」

「そうですね……。しかし、クレーム対応と滞納家賃督促のタイミングで他の商品やサービスを提案するなんて、現実的じゃないですよ」

「誰もそんなことは言うてへん。そもそも管理会社の営業マンが付帯商品を訪問販売するなんてナンセンスや。もう少し頭を使え、頭を。お前、引越ししたことあるよな？　入居直後にいざ生活を始めようとして、『そういえばアレがない』とか『コレがわからない』って困ったことないか？」

「そりゃあ、入居直後は『足りない物だらけ』でしたよ。仕方なくネットでいろいろ調べたり、通販で必要なモノを慌てて調達しました」

「そう！　それや。そうやって他の通販会社とかに流れている販売チャンスを、できるだけこちら側に取り込むのが大事なんちゃうか。つまり、接客時に提案しきれなかった商品やサービスを、入居直後に再提案する方法を考えればいい。野球の守備で言えば、三遊間を抜けたゴロを外野が素早く捕球してセカンドに送球する、みたいな仕掛けができたらええよなぁ」

「阪井部長、その口ぶりはひょっとして、もう何かアイデアをお持ちなんじゃないですか？」

「え、バレたか。実は俺も、**入居後の『アフターセールスマーケット』**をなんとかモノにできないかとずっと考えてたんや。この雑誌、ちょっと見てみ」

阪井が手渡したのは、一人暮らしの入居者を読者ターゲットにした「ライフスタイル情報誌」だった。一人暮らし料理のレシピ、インテリアコーディネート術、居住トラブル回避術などのコンテンツが満載の雑誌で、単身生活者には読み応えのある内容になっている。

「この雑誌に『新生活を始めるにあたっての諸準備』みたいなコンテンツを付加して、それを不動産会社の店頭で配布したら、お客さん喜んでくれへんかな?」

「それは喜ばれると思います。入居直後の生活ガイドみたいなライフスタイルマガジンがあれば、大事に保管して必要なときに読み返すんじゃないですかね。でも、我々や不動産会社はどうやってコスト回収するんですか?」

「それには、『物販とIT』の組み合わせが鍵になる。まず、各店頭で配布する雑誌にコードナンバーを印字して、そのコードナンバーでログインできる専用ウェブサイトを構築する。このサイトには雑誌コンテンツと連携したコンテンツを掲載し、雑誌からのアクセスを誘導する」

「雑誌を見た入居者様をウェブサイトに誘導して、そこで物品やサービスの購入に繋げるわけですね」

村石が「当たりでしょ?」という表情で、目を丸くしながら阪井の反応を待っている。

「だいぶ勘が働いてきたな。でも、それだけでは不十分や。そこで発生した収益を、この雑誌を配布してくれた不動産会社に還元する仕組みを構築する必要がある」

「そんなことできるんですか？」

「さっき、『雑誌に付番したコードナンバーでサイトにログインさせる』って説明したよな。このコードナンバーを不動産会社ごとに設定しておけば、どの不動産会社で配布された雑誌を見てアクセスしてきている入居者かをシステムで判別できる。そうすれば、その購入金額に応じて各不動産会社に収益を還元することができる」

「凄い構想ですね！　もしこれが現実化したら、不動産会社も入居者様もきっと喜んでくれますよ。ぜひ、進めましょうよ！」

村石のテンションは、すっかり上がりきっていた。それとは対照的に、阪井は難しい表情を浮かべている。

「俺も進めたいんやけど、問題は『莫大なシステム投資』がかかるっちゅうことや……」

阪井は天井を仰ぎ、深いため息をついた。

「ここは思い切って、役員会に提案してみるか……」

■社長の英断、LISCO誕生

阪井は出入りのシステム会社に作成させた見積書を手に、月例取締役会に出席していた。システム会社は阪井のハードな値切り交渉を見越して、いつも予め高めの金額設定で見積りを出してくる狡猾なところがある。それを知りながら、阪井はあえて価格交渉前の見積書をそのまま持参していた。

「では、次の議案。**『アフターセールスマーケットの獲得に向けたシステム投資について』**、これは阪井部長から提出された議案だね、早速説明してください」

議長がやや早口で阪井に説明を促した。取締役会を議長として取り仕切るのは、社長の平柳である。取締役会の参加者は社長をはじめ、社外取締役や社外顧問を含めて全部で7名いる。

「はい。では説明させていただきます。まず結論から申し上げますが、これは当社にとって非常に大きな投資判断を要する議案です」

いつもと違って標準語できっぱり言い切る阪井の口調に、取締役たちは俄かに不安の色を顔に浮かべた。みな、あからさまに「また金のかかる話か……」という顔をしている。社長の平柳も平静を装ってはいるが、無意識のうちにやや構え気味の姿勢になっている。阪井は緊張感漂う空気を意識しつつも、さらに語気を強めて説明を始めた。

「今回は、議案のタイトルの通り、システム投資に関する判断をお願いしたいと考えています。このシステム投資の目的は3つあります。まずはこちらの資料をご覧ください」

阪井が配布した資料にはこう書かれてある（101ページ参照）。

「なるほど……。ここに書かれていることが本当に実現するとしたら素晴らしいことだが、投資に対するリターンがどれだけあって、回収期間はどの程度を見込んでいるのかね？」

議長の平柳が一応、セオリー通りの質問を阪井に投げ返した。

「はい、現時点で取引させていただいている販売店数を根拠として、そのうちこの構想に賛同いただける販売店の数、その先にいる新規入居者数のうち何％がサイトにアクセスし、そのうち何％が購入に至るかなどをシミュレーションした表を次のページに付けてあります。各％の数値は過去の取引実績を根拠に仮設定しています」

阪井はいつも、「根拠」という二文字にこだわる。取締役たちはみな、じっとその表を黙ったまま眺めていた。

しばらく間を置いて、阪井が再び口を開いた。

「ただ、そこに書いてある数字はいずれも根拠不十分で、ほとんどあてになりません。この投資

**「アフターセールスマーケットの
獲得に向けたシステム投資について」**

作成：営業部　阪井

【目的及び主旨】

①入居直後のアフターセールスマーケットの獲得
・ライフスタイル雑誌と連携した「入居者向け物販サイト」の構築

②付帯商品販売店への「収益還元」
・物販サイトを通じて発生した収益を協力販売店に還元するシステムの構築

③付帯商品販売店の「業務負担軽減」
・付帯商品の一括申込＆受付システムの開発（FAX による申込手続の削減）

がどれだけのリターンをもたらすのか、私も正直なところほとんど見当がつかへんのです」

他の役員たちは、それこそ示された数字の根拠について突っ込む準備をしていただけに、虚を突かれて拍子抜けした表情をしている。間髪いれず、阪井が言葉をかぶせた。

「それでも、私はやるべきだと思うんです」

「なぜ、そう思うんだね。『根拠』を示してくれないと困るよ」

取締役の1人が口を挟んだ。いつもは阪井が「根拠を示せ」と彼らに詰め寄るのに、今日は立場が逆転している。それでも、なぜか阪井は落ち着いていた。

「唯一根拠があるとすれば、当社の『経営理念』と『行動哲学』です」

「『経営理念』と『行動哲学』だと?」

「『経営理念』や『行動哲学』は会社の価値観です。意思決定や行動の拠り所とすべきものではないでしょうか?」

会議室の壁には、その経営理念と行動指針が掲げられて高々と掲げられており、阪井はその中の1つを指差していた。

「わが社の行動哲学に『**圧倒的努力と利他的姿勢は、上質な達成感と劇的な毎日をもたらす**』というくだりがあります。我々が意思決定に迷った際は、これまでも常に『ステークスホルダーの役に立つかどうか』を判断の基準としてきたはずです」

ほとんどの役員たちは、阪井が指差した行動哲学の額をじっと見つめたままだった。その中でただ1人、平柳だけが阪井のほうを遠い目でじっと見つめている。阪井がこの会社に来てから3年の間に、会社が大きな岐路に立ったことは実際に幾度かあった。そのたびに、平柳は阪井と喧々諤々の議論をとことん繰り返すことによって、これまでそれを乗り切ってきたのだ。

そうやって駆け抜けてきた数年間のことが、平柳の脳裏を走馬灯のように過ぎていた。

そして、平柳が長い沈黙を破って話し始めた。

「確かに、これまでも似たような意思決定局面があった。しかし、過去のケースはどちらかと言うと、我が社の収益はある程度見えているものの、取引先にもたらすメリットの有無や大小の見極めが難しい、という内容だった。ところが今回のケースはそのまったく逆だ。入居直後の諸問題を解消するサイトを構築することによって販売店や入居者に大きなメリットをもたらすことはよくわかる。しかし、当社の投資リスクが極めて大きい。『投資リスクが高いから駄目だ』というつもりは毛頭ないが、我々のような弱小ベンチャー企業が『自己犠牲による他者貢献』などと大上段に構えていいものかどうか……。この点について、阪井部長の考えをもう少し聞かせてほしい」

平柳は、自分の「迷い」をストレートに伝えた。

「はい。まだ設立間もない当社にとっては負担が大きく、リスクを伴う取り組みになることは私なりに理解しているつもりです。ただ、少なくとも当社が『付帯商品の窓口機能』の役割を担い、その役割を通じて『不動産業界に収益をもたらす使命』を担っている以上、それらを全うするための『負える範囲のリスク』は背負ってもよいのではないでしょうか？」

「阪井部長の言う『負える範囲のリスク』とは、具体的にどの程度の金額なのかね？」

財務担当役員の部長が口を挟んだ。

「ええ、今回の投資は決して小さくないですが、向こう3年間の中期事業計画に基づけば、1年目に大きなキャッシュアウトが発生するものの、売上額の30％程度の手元流動資金を残しつつ、2年目以降はキャッシュが増加傾向に転じます」

それを受けて財務部長が答えた。

「事業計画はあくまで予測と見込みという不確定要素に基づいて策定したものだ。厳しめの数字で組み立ててはいるが、さらに大きなシステム投資がこれに上乗せされることでさらにリスクが高まる。阪井部長はこの投資によって増大する資金リスクをどう回避しようと考えているのですか」

いかに資金リスクを回避するかが財務部長の仕事である。時に営業部門との利害対立は必然となる。

「財務部長、お気持ちはよくわかります。経営は常にリスクと背中合わせ、リスクとの戦いです。ただ、この会社はリスクを回避するために、この世に存在しているのでしょうか？　むしろ、リスクよりも怖いのは、こうしたリスクを回避しようとするあまり、会社の存在価値を失ってしまうことだと思います」

阪井は会社の存在価値に言及した。その会社がこの世に何のために存在し、何を目的として事業を営むのか。これを見失った会社は単なる「儲け」と「リスクヘッジ」に走ってしまう。

損益計算書や貸借対照表などに記載される「**財務指標**」をよく見せることばかりに意識が注がれた結果、企業の存在を支える「**顧客の視点**」や「**業務改善の視点**」、そして「**組織成長の視点**」が失われてしまい、企業はやがてその存在価値を徐々に失っていくのだ。

平柳は阪井と財務部長のやりとりを聞きながら、会議室の壁の一番高いところを眺めていた。そこには、すべての行動哲学を司る「経営理念」が記された大きな額が掲げてある。

行動哲学を考えたときもそうだったが、特にこの経営理念については、社員たちとともに何カ月もかけてこだわり抜いて作り込んだ、いわば会社の「根源的価値観」である。

《経営理念》

今日の笑顔と感動　未来（あした）の夢と幸せ

このたった数行の短い言葉を見つめながら、平柳はその言葉に込められた社員たちの「想い」と「決意」を思い起していた。

―今日この一瞬にすべての努力と情熱を注ぎ、この会社に関るすべての人々に笑顔と感動をもたらすような仕事をすれば、きっと夢が叶い、幸福が実現する。また同時に、将来の夢や幸福というビジョンを明確に持つことで、笑顔と感動で満ちた今日この一瞬を過ごすことができる。―

平柳はテーブルに掌をつきながら静かにゆっくりと立ち上がり、そして言った。

「よし、やろう。やってみよう」

その言葉に、阪井も思わず立ち上がっていた。

「ええ。やりましょう。決して簡単はありませんが、私が全責任を負います」

「よかろう。ただし、条件がある」

「当然です。社長の条件を仰ってください」

阪井は覚悟を決めた表情で、平柳の回答を待った。

「まず、私も陣頭指揮を執るメンバーに加えること。次に、専任担当者をチームとして2名以上置くこと。もちろん、組織図上にもそのチームをきちんと記載する。それから最後の条件。この入居者向けの冊子とウェブサイトの商品名は、社内公募とすること。これは君だけのプロジェクトではなく、全社を挙げた取り組みだ。そこをしっかり理解してくれればいい。全社員をしっかり巻き込んでくれ」

「社長……、ありがとうございます！」


社内公募の結果、不動産会社の店舗を通じて入居者に配布される冊子の正式名称が決定した。ライフスタイルコンシェルジュ（Life Style Concierge）の頭文字を取って、こう命名された。

『LISCO』

そして、それに連携するウェブサイトは『LISCOM』と名づけられることになった。

果たして、この「LISCO」と「LISCOM」が実を結ぶかどうか。不動産業界を巻き込んだ壮大な挑戦が、いまスタートしようとしている。

第2部

解説編

「今すぐ客単価を伸ばせる新発想」

1 不動産賃貸業の現状と展望

■ライフサイクルと業界のポジションを知る

あらゆる商品や商売、また、すべての業界やその中で活動する企業は、ライフサイクルという栄枯盛衰のプロセスを辿る。

どんな商品であれ、ビジネスモデルであれ、出始めの頃は競合が少なく、需要が供給よりも上回っているために価格が高止まりする。売り手のほうもこの需給構造を見越して、製品の市場投入初期には高めの価格設定をする。

こうした「**スキミングプライス戦略**」は、流通主導権（価格決定権）が売り手側にある状態で採用されやすい。このように、売り手が市場において最も利益を確保しやすい時期を「**導入期**」という。

かつて都市部への人口流入と核家族化傾向が著しかった高度成長期における家主業にも、この状態があてはまっていたのではないだろうか。

さて、やがて同じような商品を販売するメーカーや小売店が増え、より低い価格で新しい機能が搭載された新製品が続々と登場するにつれて、にわかにそれらが各家庭に普及しはじめる。

この局面においては需要と供給が均衡点に向かって近づき始め、売り手の収益単価はかつての導入期に比べて少し薄くなる。しかし、販売数量の伸びでそれをカバーするので、トータルの利益は拡大する。こうした局面を「**成長期**」という。

次に、需要と供給が均衡する転換点を迎え、ここを境目に需要と供給が逆転して供給過多の状態にシフトする。こうなると徐々に、売り手の都合ではなく、買い手の都合で商品価格の相場が形成されていくことになる。当然、価格はより安い方向にシフトしていくことになる。これを「**衰退期**」という。

この「**ライフサイクル**」という考え方は、あらゆる商売に共通する原理原則である。不動産賃貸業や家主業とて、もちろん例外ではない。

日本の人口は２００７年を境に、この転換点を越えて減少局面に入りつつある。人口減少と世帯数の減少にはおおよそ20年弱のタイムラグがあるため、人口減少が即座に不動産賃貸業の客数減少に繋がるとは限らないが、遅かれ早かれ、その局面を迎えるのは不可避の事実である。

日本の人口減少局面への突入と経済規模の縮小により、不動産賃貸業や家主業はライフサイクル上の「衰退期」への突入を今後余儀なくされる。まずはこの認識をしっかりと持たねばならない。

だからといって、不安や恐怖を煽るつもりは毛頭ない。むしろここで伝えたいのは、「**衰退期には衰退期に合ったやり方がある**」ということである。成長期と衰退期では商売の手法が異なる。それに合わせて発想を切り替えればいいのである。時流変化を読み、時流に適応できれば、どんな時代にも生き残ることができる。ダーウィンが進化論で説いているように、強いものが生き残るのではなく、変化に適応できるものが生き残るのである。

■昔のやり方はもうすぐ通用しなくなる

ライフサイクル別マーケティングという考え方がある。先ほどご紹介したライフサイクルの各ステージでは、需給関係も異なれば、買い手のニーズや買い方にも大きな違いがある。

たとえば、導入期においては製品そのものの認知度と普及率が低いため、マス広告を多用することになる。

また、市場普及率が上昇し続けている成長期にあっては、売場に置けば置くほどその商品は飛ぶように売れる。このような時期には、予算帯別に多品種の商品を大量陳列し、店頭でのインストアプロモーションを強化する手法が中心となる。

転換点を過ぎ、需給バランスが供給過多となる衰退期から安定期にかけては、顧客ターゲットをある程度絞り込んで、ターゲットとする顧客の属性に応じた品揃えを強化する**「属性別マーケティング」**が必要となる。集客のためのプロモーションもターゲット顧客にダイレクトにリーチする媒体をうまく使い分けなければならない。

このように、同じ商品でも、ライフサイクルの各ステージごとにマーケティング手法がまったく異なり、時流とステージの変化に応じて切り替えが必要となる。こうした原理原則を前提とすれば、「昔と同じ売り方」では売れなくなるのは当然と言える。

■人口減少局面と不況期におけるマーケティング戦略とは？

ライフサイクルステージの変遷とともに、モノの流通構造は川上（作り手）主導から川下（売り手）主導へとシフトしていく。

まずは115ページの図をご覧いただきたい。これは、一般消費財の流通構造のこれまでの変遷を表現した図である。1970年代においてはメーカーが自らの系列販売店を組織し、自社の製品を自らの価格統制のもとに流通させていた。家電製品はメーカー系列の「町の電気屋さん」で買うのが当たり前の時代である。

次に、需要と供給が均衡点（転換点）に近づくにつれ、問屋や商社があらゆるメーカーの商品を集め、小売店に振り分けていくようになる。商社や問屋は、流通の中間プロセスにおいて物流・金融の機能を担い、流通の主導権を握るようになる。

さらにライフサイクルが先に進むと、モノ余り時代へと突入し、一部の小売店が圧倒的な販売力を持つようになる。この段階においては、流通主導権は完全に川下に移動し、価格決定権は販売力を持つ小売店が掌握するようになる。家電製品は「町の電気屋さん」ではなく、郊外やターミナル立地の大型家電量販店で買うのが普通になる。

■流通業の変遷

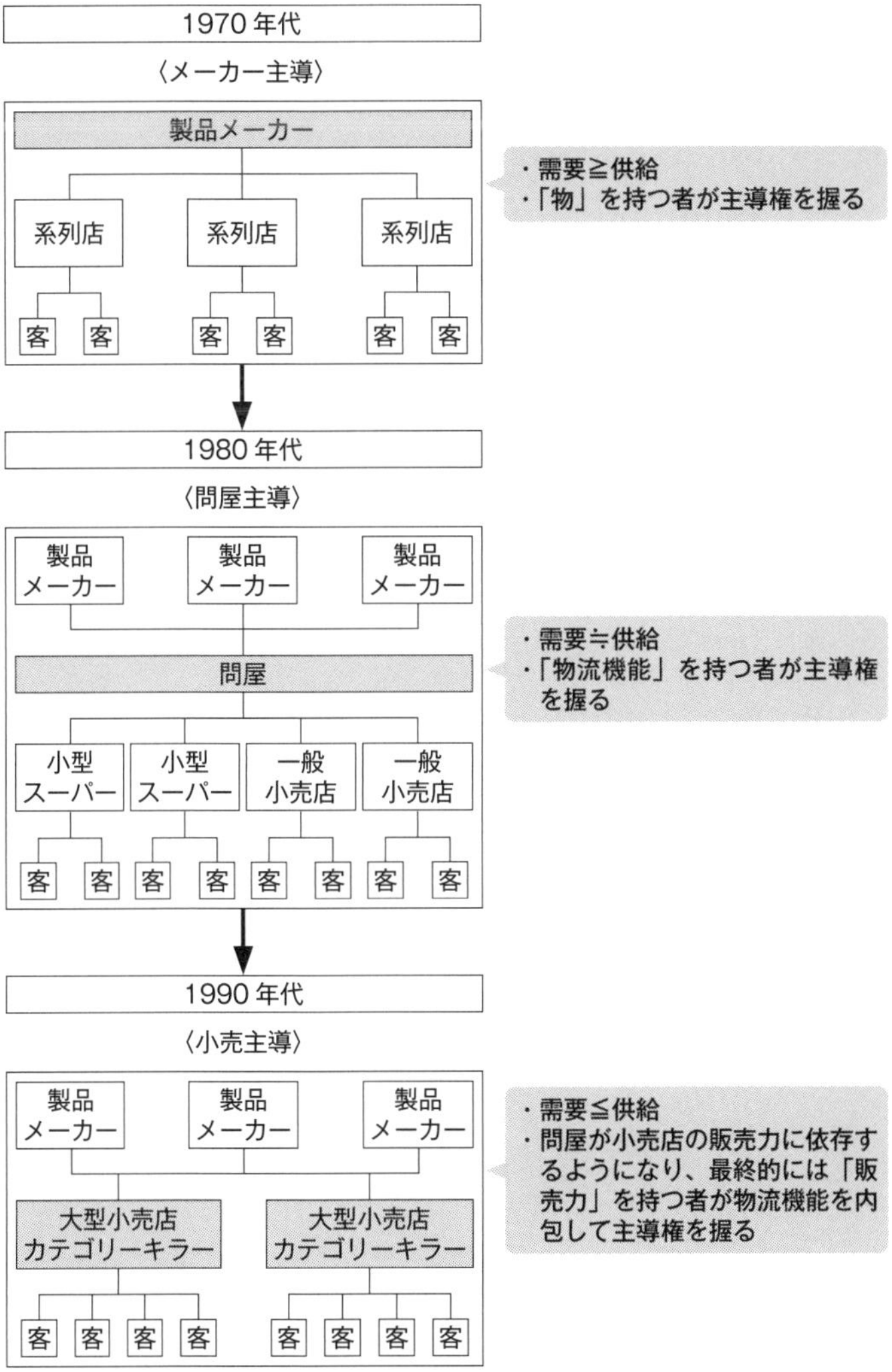
1970年代
〈メーカー主導〉
製品メーカー
系列店
系列店
系列店
客
・需要≧供給
・「物」を持つ者が主導権を握る
1980年代
〈問屋主導〉
製品メーカー
製品メーカー
製品メーカー
問屋
小型スーパー
小型スーパー
一般小売店
一般小売店
客
・需要≒供給
・「物流機能」を持つ者が主導権を握る
1990年代
〈小売主導〉
製品メーカー
製品メーカー
製品メーカー
大型小売店カテゴリーキラー
大型小売店カテゴリーキラー
客
・需要≦供給
・問屋が小売店の販売力に依存するようになり、最終的には「販売力」を持つ者が物流機能を内包して主導権を握るこうした家電業界における流通構造の変遷は、それを目の当たりにしてきただけにわかりやすい。こうした進化の過程は、進行速度や程度の差こそあれ、他の業界にも同じパターンが当てはまる。

不動産賃貸業界とて例外ではない。

では、この変遷のプロセスを不動産賃貸業界に置き換えるとするとどうなるか。

117ページの図をご覧いただきたい。

かつて都市部への人口流入と核家族化による世帯数の増加傾向が著しかった高度成長期にかけては、物件の供給量をはるかに需要が上回り、まさに売り手（大家さん）主導の構造が長年続いていた。

入居者が部屋を借りるには、大家さんに「頼み込む」と言ったら少し大げさかもしれないが、当時の大家さんからすれば「貸してあげる」というスタンスが色濃かったのではないか。当然、入居初期費用や家賃を設定する主導権は大家さんのほうにあり、いまだに高止まりしている敷金や保証金は当時の名残りとも言える。

1980年代に入り、賃貸収益物件が投資対象として本格的に脚光を浴びるにつれて、賃貸物件（貸家）の供給数が飛躍的に増えた。この頃から、不動産賃貸業の「所有と経営

■不動産管理業の変遷

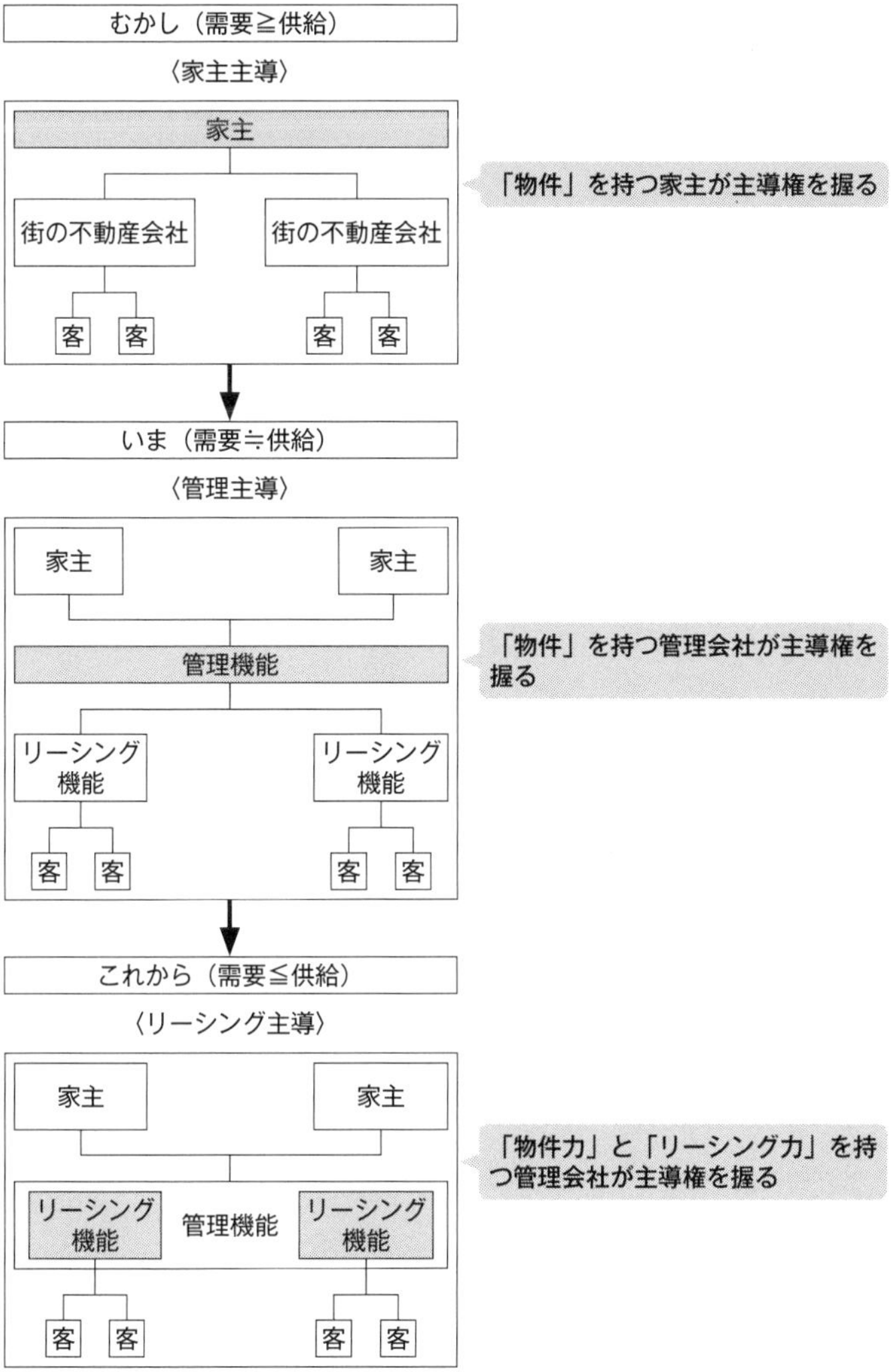
むかし（需要≧供給）
〈家主主導〉
家主
街の不動産会社
街の不動産会社
客
客
客
客
「物件」を持つ家主が主導権を握る
いま（需要≒供給）
〈管理主導〉
家主
家主
管理機能
リーシング機能
リーシング機能
客
客
客
客
「物件」を持つ管理会社が主導権を握る
これから（需要≦供給）
〈リーシング主導〉
家主
家主
リーシング機能
管理機能
リーシング機能
客
客
客
客
「物件力」と「リーシング力」を持つ管理会社が主導権を握る

の分離」が本格化し始めたと言える。物件の所有者である大家さんは、その入居者募集を仲介店に委託し、物件の保守メンテなどを専業の管理会社に委託するようになっていく。

民間貸家の堅調な増加によって、需給バランスが均衡化に向かうわけだが、このことによって、物件のリーシング力を持つ専門事業者への依存度が高まり、家賃などの価格決定権はリーシング力を持つ専門事業者にシフトしていくことになる。

つまり、**「需要＜供給」の状態が進行すると、価格決定権が徐々に川下に移っていく**のである。ただし、川下の仲介管理事業者に価格決定権がシフトするとはいえ、供給過多状態のもとで価格を決定するのはあくまで「相場」である。

この先、日本が待ち受ける世帯数の減少傾向を鑑みれば、賃料相場の下落傾向は不可避と言える。不動産賃貸事業者からすれば、これは収益単価の下落に他ならない。

では、これを回避するには何をすればいいのか？　根本的には、収益単価（客単価）を引き上げるかしかない（もちろん、客数を増やす努力は一方で不可欠ではあるが、これについては後ほど詳述する）。

家賃相場の下落、すなわち仲介手数料単価が下落する中で、いったいどうやって収益単価を引き上げるのか？

それには次に述べる、「業際化の波」を自ら乗り越えていくことである。

■あらゆる業界に襲い来る「業際化」の波

「**業際化**」とはあまり耳慣れない表現であるが、「国際化」という言葉からご想像いただくとイメージが湧きやすいと思う。業種の際（きわ）、つまり境目がなくなっていくことを指して「業際化」という。

BtoCのあらゆる小売・サービス業は、市場の成熟化とともに、この業際化の方向に進んでいく。あえてもう少し厳しい言い方をすれば、生き残っていくには、その方向に進まざるを得ないと言って過言ではない。

たとえば、我々が幼少の頃にあった町の酒屋さんやタバコ屋さんの多くは、酒やタバコも含めたあらゆる日用品を取り揃えたコンビニに姿を変えている。酒やタバコと客層や購買頻度が近い商品を取り揃えた業態に、リプレースされてしまったのだ。

街の本屋さんにしても然りで、最近では雑誌に加えて文庫本やマンガなどを置くコンビニも増えている一方で、駅前の小さな本屋さんが徐々に姿を消している。

「うちは酒屋なんだから、酒さえ売っていればいい」「うちは本屋なんだから、本以外は売る必要などない」という考え方では、自分たちの顧客との接触頻度が自分達よりも高い「他のお店」が同じ品物を売り始めた途端に、お客さんを失ってしまうのだ。

ここで我々が認識を強く持たねばならないのは、**「業種という括りはあくまで『売り手の都合』であって、お客さんの都合ではない」**ということである。お客さんは、自分たちが求める「**適品**」が「**適価**」で「**適時**」に「買いやすい場所（**適場**）」で提供されていれば、そこで買うのだ。お客さんは、一部のブランド品やギフトを除いては「どこで買うか」など、さほど気にしていない。

つまり、「不動産業（家主業）だからという理由だけで、部屋を入居者に斡旋していればそれでいい」というのは売り手の都合であり、そういった発想では業種の際を乗り越えてくる異業種からの参入者たちに、自分たちの領域を侵食されてしまうリスクは決して小さくない。

逆もまた然りで、自ら作り上げた「業種」という垣根を取っ払うことで、不動産業（家主業）の可能性は「無限に広がる」と言うこともできる。

たとえば最近、自動車販売ディーラーで「靴」を売る店が出現している。しかも、そのディーラーの営業マンに訊ねると、「そこそこ売れている」という。「なぜ、自動車ディーーラーが靴を売るのか？」という疑問が頭を過ぎるが、この話を聞いてピンと来た方はおそらくかなり商才のある方だろう。

比較的「車好き」のユーザーが多い車種を扱うその店では、運転を趣味にしている人が「ドライビングシューズ」を新車購入のついでに買っていくのだという。実は筆者もその一人なのだが、営業マンに薦められるまでは、まさかクルマ屋で靴を買うことになるとは微塵も思ってもいなかった。

ただ、振り返ってみると、先に述べた「適品」「適価」「適時」「適場」という要素が、揃っていたことにあらためて気づかされる。

①適品：マニュアル車の運転を楽しむにはドライビングシューズが必要だとかねてから考えていた。
②適価：自動車のローンにそのシューズ代も組み込んでもらえるという提案を受けた（購入時の実質負担がゼロ）
③適時：車の納車時に一緒に納品される（荷物を手で持ち帰る負担がない）
④適場：わざわざ他の店に買いに行く手間が省ける

こうして、本来ならオートバックスのような自動車用品店やシューズショップが獲得するはずだった顧客を、その手前のプロセスに位置する自動車ディーラーが業種の垣根を乗り越えて奪ってしまったわけである。

当然、こういう「ちゃっかりしたディーラー」では、この理屈に適う他の商材やサービスもしっかりと売り込んでいる。自社オリジナル自動車保険、ＥＴＣ機器と対応クレジットカード、向こう1年の点検とオイル交換がセットになったメンテナンスチケット、ボディのコーティングサービス等々、これらをすべて合わせると結構な収益になる。

ファーストコンタクト（最初の接触）を握っているアドバンテージを活かして、他に流れていた収益を自社に取り込むことによって、客単価アップにつなげているのだ。

話を不動産賃貸業に戻そう。部屋を借りるというのは「新しい場所で生活を始める」という、人生の大きなターニングポイントである。新生活を始めるにあたっての様々な不安や夢が錯綜し、これから取り揃えなければならない様々な生活用品や生活関連サービスがある。

こういった「必ず発生するニーズやウォンツ」を、いったい誰が拾い上げているのだろうか？　これを拾い上げ、入居者のニーズやウォンツに対応する商品やサービスを提供している事業者は間違いなく存在しているのである。

残念ながら、その多くは、本書をお読みになっている不動産事業者や賃貸物件のオーナーではなく、（今のところ）その前後に存在している。

しかしながら、入居者とのファーストコンタクトを握っているのは、間違いなく不動産事業者や賃貸物件のオーナーなのである。これを活かさない手はない。

このファーストコンタクトを不動産事業者や賃貸物件のオーナーが見過ごすと、次に接触チャンスを持つ他の業者がそれを拾い上げる。たとえば、入居後に必要なものを買うために訪れる近所のホームセンターや生活雑貨店、インターネット回線のプロバイダなどがそれにあたる。

ひょっとしたら、その代替事業者が不動産事業者以上に入居者とのコンタクトを深めれば、その接触機会を活かして賃貸物件の斡旋を始めてしまうかもしれない。たとえば、ロフトや東急ハンズなどの生活雑貨店や家電量販店などが不動産賃貸業に本格的に参入したら、果たしてどうなるだろうか？　あるいは、ネットのポータルサイトがその集客反響力と情報力を活かして自ら不動産賃貸業に参入してきたら……。

これが、「あらゆる業界に押し寄せる業際化の波」という本章の題目が意味するところである。

では、この「業際化の波」にどのように対処すればいいのか。そのことについて事例を交えながら詳しく解説していくのが本書の目的である。

とはいえ、何も難しい話や特別なメソッドがあるわけではなく、根本的には「**目の前のお客さんのニーズやウォンツを引き出して、それに対応する商品やサービスを提供する**」という商売の原理原則を、自らに与えられた経営資源のもとで追求し続けることに他ならない。

2 生き残る賃貸管理会社はこんなことをしている

■来店者（入居予定者）が必要なのは部屋だけではない

みなさんが新しい部屋を借りて新生活を始める際、どんなモノやサービスが必要になるだろうか？

引越サービスに始まり、家電製品、浄水器、寝具、収納家具などの品物や、家財保険、新聞定期購読、インターネット回線、ホームセキュリティなどの各種生活必需サービスなど、ざっと思いつくだけでもかなりある。

これらは新生活を始めるにあたっては必要になるものばかりで、入居者はこれらをどこかで入手している。つまり、こうしたモノやサービスは新入居者が求める「適品」ということができる。

部屋を借りるタイミングは、こうした「適品」をついでに入手するのに最も便利なタイミング（適時）である。それらを不動産仲介店の店頭においてワンストップで入手でき、入居時には生活に必要なものがある程度部屋に揃っていれば、これほど助かることはない。第1部の35ページでも示したが、１２７ページの表はある地域の不動産仲介店の店頭でよく売れている、入居に際して必要となる商品・サービスの実績例である。

こうしたモノやサービスを、入居者に部屋と一緒に提供することは、入居者の利便性向上に貢献し、同時にニーズに応えるということである。たまに、「売り込み、押し売りしたら入居者に嫌がられる」という営業マンの声を耳にするが、その多くはこうした付帯商品を売ることに自信のない営業マンの言い訳である（経営者や店長は、これを鵜呑みにしてはいけない）。

嗜好性の高いパーソナルユース商材などは、「たくさんの品揃えがある店で自分の好きなものを選びたい」という入居者の声もあるだろうが、逆に機能性や価格優先のホームユース商材やサービスなどは「必要なものを提案してほしい」と考えている。

その中で、入居契約時にお薦めすべきモノやサービスの範囲と優先順位を決めていけばよいのである。そのためには、とにもかくにも**入居者のニーズを深く知ること**が必要であ

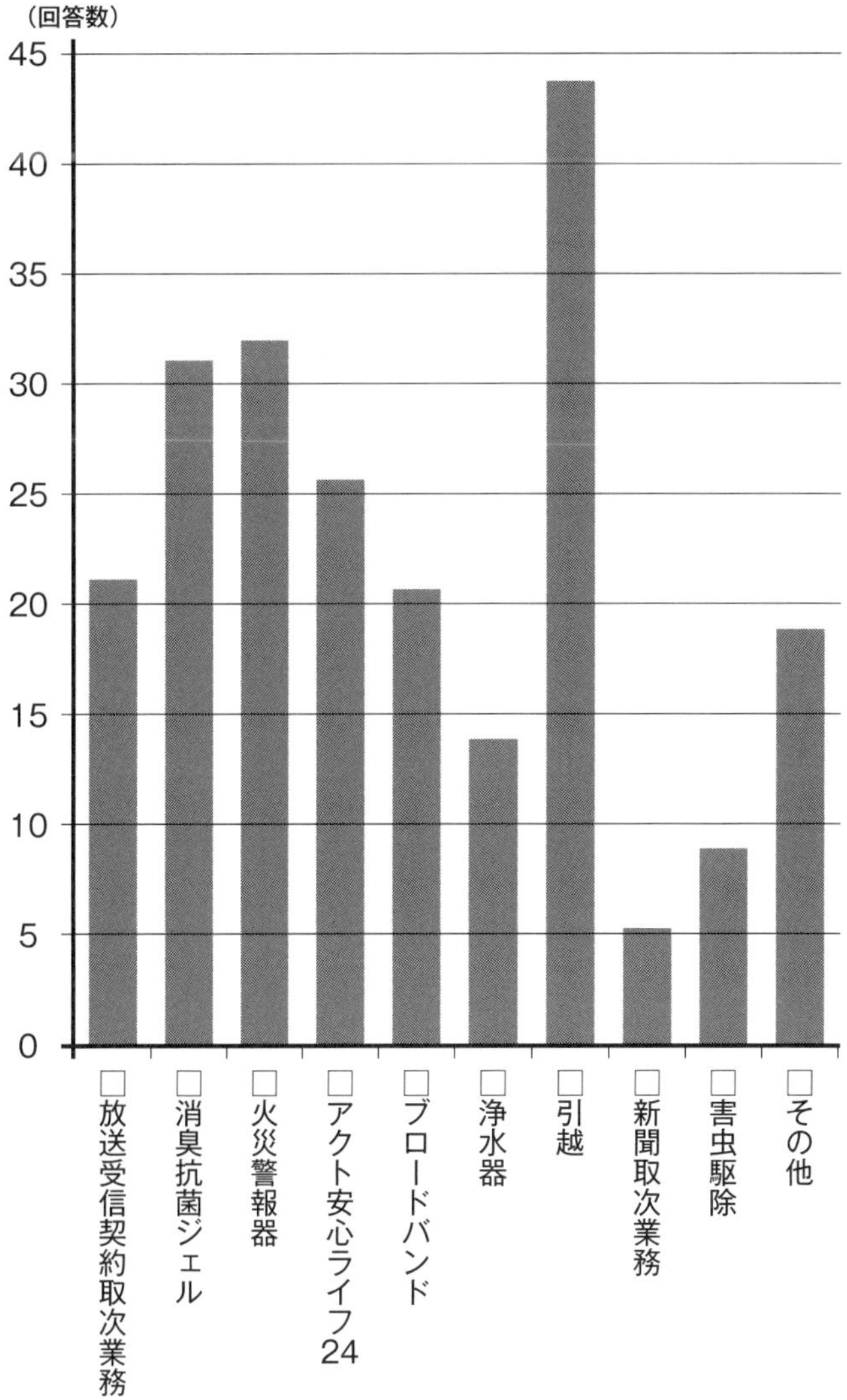
（回答数）
45
40
35
30
25
20
15
10
5
0
□放送受信契約取次業務
□消臭抗菌ジェル
□火災警報器
□アクト安心ライフ24
□ブロードバンド
□浄水器
□引越
□新聞取次業務
□害虫駆除
□その他

る。では、賃貸物件の入居者は、不動産会社や大家さんにいったいどんなことを望んでいるのだろうか？

■入居者は不動産会社と大家さんにこんなことを望んでいる

129ページの図表に示したのは、契約から退去（契約更新）にいたるまでの各プロセスごとに、入居者の不満発生率とその理由について国土交通省が発表しているデータである。このデータによると、全プロセスの中で不満発生率が最も高かったのは、「部屋探し時」と「入居中」であったとされている。

内容を見てみると、部屋探し時の不満に関しては「案内時の設備や周辺環境の説明が不足していた」というものが多く、入居中の不満では「何をどこまで対応してもらえるか不明」というものが半分以上を占めていた。

裏を返せば、**「部屋を紹介・斡旋さえすればいい」というスタンスが、入居者の不満に繋がっているの**だ。このことから、入居者が仲介店や大家さんに望んでいるのは、単純に「部屋の斡旋」だけにとどまらないことがわかる。つまり、入居者は、新生活を始めるにあたっての「**トータルサポート**」を期待しているのだ。

■契約から退去（契約更新）までの各プロセスにおける、入居者の不満発生率とその理由

- 調査実施時期：2005年７月１日（金）～７月５日（火）
- 調査対象者：東京都、神奈川県、千葉県、埼玉県在住の賃貸住宅入居者及び賃貸住宅入居予定者
- 調査方法：インターネットリサーチ
- 有効回収数：801　（賃貸入居者661、賃貸入居予定者525）

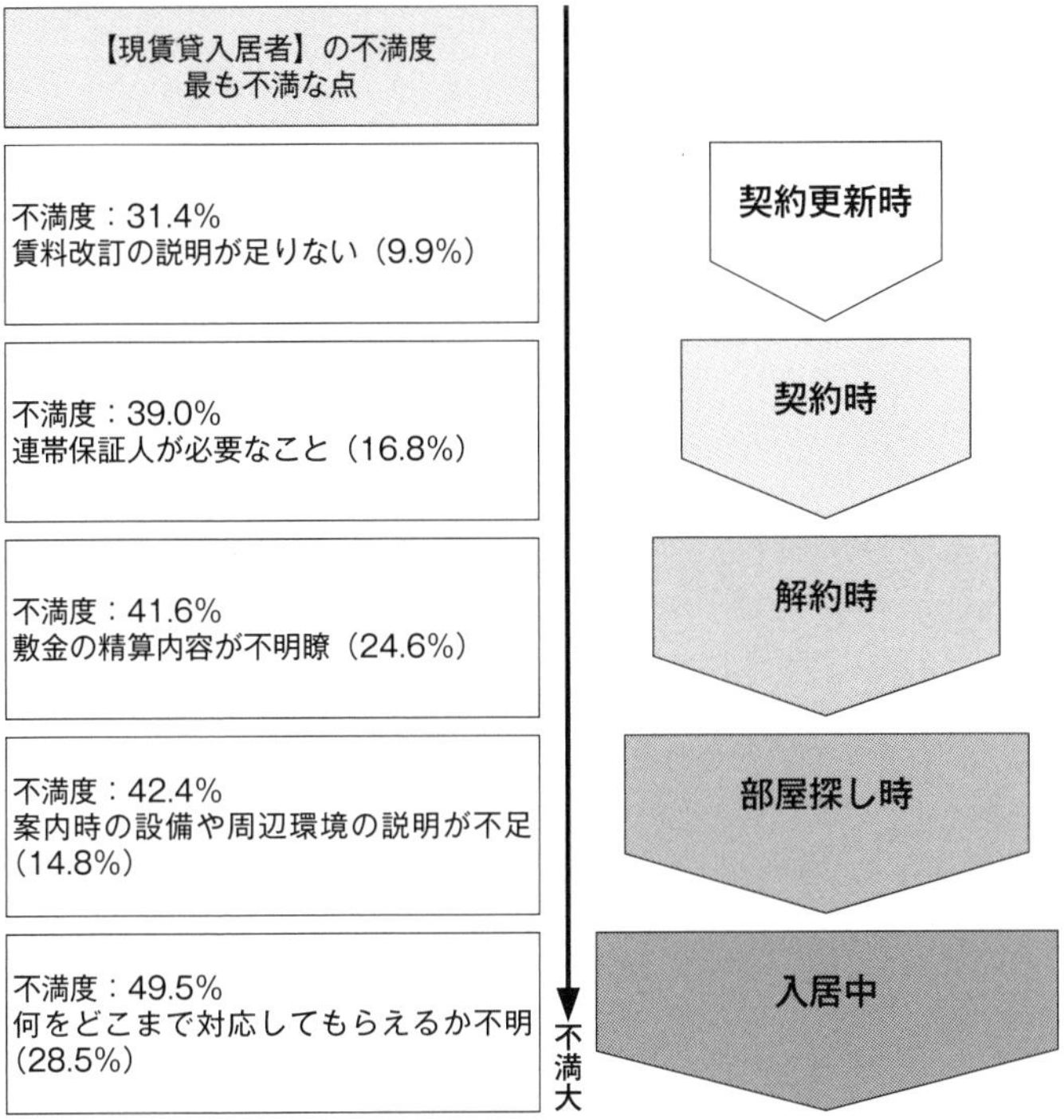

（出典）国土交通省ホームページ

顧客の満足度は、「売り手によって提供されるサービス価値が、自分が期待するサービス価値を超えるかどうか」によって決まる。自分の期待がきちんと満たされないと、当然このような不満に繋がる。入居希望者が不動産賃貸業者や大家さんに「何を期待しているか」を知ることが出発点なのだ。

そういう意味では、売り手である不動産賃貸業者と入居者の間には、若干の意識ギャップがある。仲介店のほうは「部屋を一生懸命探せばいい」と考え、入居者は「新生活を始めるにあたってのサポートをお願いしたい」と期待している。

入居者は、不動産会社に単なる「部屋探しの場」ではなく、「新生活に関する提案を受ける場」としての機能を期待しているのに、当の不動産会社は「部屋を紹介するのが自分たちの仕事」だと決め込んでいる。

しかし、入居者がそういう過大な期待を抱いてくれているということは、不動産賃貸事業者にとっては非常に好都合なことである。入居者がそういう期待を抱いてくれているなら、それに対応すれば業容を拡大するだけの潜在チャンスとマーケットがそこに存在するということである。

また、入居中についても同様である。「鍵を渡したら業務完了」という営業スタンスの店がほとんどだが、これは入居後の巨大なアフターセールスマーケットを「捨てている」のと同じである。

入居者が「何をどこまで対応してくれるのかわからない」と言っているのだから、対応できることをサービスメニュー表（もちろん有料）にして、時節に応じて配布すればよいのではないか。「室内清掃○円、電球交換○円、不用品の引き取り○円、インターネット回線の設定○円」といった具合に、管理会社や大家さんとして、こうしたサービスメニュー表を管理物件の入居者に配布して、接触頻度を保つ。いずれにせよ、対応しなくてはならないのだから、先に価格体系を明示しておけば、きちんと稼動した代金をいただくことができる。

これによって入居者の潜在クレームは減り、同時に付帯収益は上がる。ひいては、次の物件探しや不動産購入の相談を受けるかもしれない。

実は、これだけ購買単価が高く購買頻度が低い品物を扱いながら、アフターセールスマーケットをこれだけ軽視している業界は珍しい。

たとえば、アフターセールスを大切にしている業界に自動車販売業がある。

自動車の買い替え周期は4～5年に1回。だからこそ、自動車ディーラーの営業マンは次も自社のクルマを買ってもらおう、あるいは次の車検は自社の整備工場に出してもらおうと、必死で納車後も継続的なフォローを行う。

自動車販売の世界では、こうした継続的なお付き合いのある顧客を「基盤客」といい、およそ500人の基盤客を持っていれば、ある程度安定的にメシが食えるだけの販売実績を確保できるという。

単純計算ですべての顧客が5年に1回新車に乗り換えると仮定して、500人の基盤客がいれば、年に100台売れることになる。他社にスイッチする顧客や5年以上買い換えない顧客もかなりいるので、実際に売れるのはその3割、年に30台（月に2～3台）となる。

新規の顧客からそれだけの受注を取るには、かなりのコストと労力が必要となることを考えれば、既存の顧客のアフターケアをきちんと行っているほうが、実は効率がよいのである。

不動産賃貸業者のもとには、実は他の事業者では知りえない様々な情報が集まる。その入居者の生年月日・年収・職業・家族構成・趣味嗜好など、これほど貴重な属性情報があるのだから、これをデータベース化して後の商品提案に活かさない手はない。データベースマーケティングを得意とする通販会社などが、もしもこうした情報を入手できる立場にいたなら、間違いなくそれを活かしたビジネスを展開することだろう。

■売上の構成要素を因数分解する

「売上を上げろ！」と社長にゲキを飛ばされ、何をどうしたらいいかわからずにあたふたしている店長からの相談を受けることがたまにある。

まずは、売上を構成要素に分解するということが必要である。単に、「売上」という捉え方では大雑把すぎて、何をどうすれば売上があがるのか見えてこない。しかし、これを構成要素に因数分解すれば、「何をどうすればいいのか」が少しずつ見えてくる。

ここで最初に思いつくのは「**売上＝客数×客単価**」という公式。しかし、不動産賃貸業の特性を加味して、もう少し細かい因数分解を行う必要がある。

まず、客数を決定づける「**集客力**」。果たして不動産賃貸業の集客力とはどのような要素によって左右されるのか。それにはお客様がどのような要素に着目して「その店に行くかどうかを決めるか」を探るところが出発点となるはずだ。

・物件品質、物件の選択肢、価格設定などの「**品揃力**」
・集客媒体に掲載されている情報が信用に足り、十分な情報が開示されていることが伝わってくる「**情報伝達力**」
・電話やメールでの問い合わせに誠実に対応してくれるかどうかといった「**信用力**」

他にも様々な要因があるにせよ、大きくはこの3つに集約されるであろう。つまり、集客力とは品揃力・情報伝達力・信用力によって構成されている。

『**集客力＝品揃力×情報伝達力×信用力**』

集客力を高めるには、品揃力・情報伝達力・信用力をバランスよく高める必要があるということである。しかも、このどれかひとつが欠けても集客力向上は望めない。

次に、客単価を決定する「**収益単価向上力**」を考えてみよう。収益単価とは要するに、「**1人のお客様が自社にいくら支払うか**」ということであるが、これを少しでも引き上げるにはどうすればいいのか。

・お客様のニーズと想定予算をうまく聞き出す「**ヒアリング力**」
・「あと少し奮発すればよりよい暮らしが手に入る」というお奨めができる「**物件提案力**」
・物件以外の付帯商品やサービスをお奨めできる「**付帯商品提案力**」

つまり、収益単価向上力とはヒアリング力、物件提案力、付帯商品提案力の乗数であるといえる。

『**収益単価向上力＝ヒアリング力×物件提案力×付帯商品提案力**』

ここまでの公式をあらためて整理してみよう。

『**売上＝客数**（**集客力**）**×客単価**（**収益単価向上力**）』

これをさらに因数分解すると……

↓『**集客力＝品揃力×情報伝達力×信用力**』

↓『**収益単価向上力＝ヒアリング力×物件提案力×付帯商品提案力**』

つまり、この公式に含まれる要素を、店のコンセプトやターゲット客層に応じて、ひとつずつ高めていけば売上を上げることが可能になるのだ。

■こまめな物件登録で「情報伝達力」と「信用力」を磨く

「最近、反響来店率と決定力が急激に下がってきた」という声を現場で耳にすることが増えてきた。ここ最近の景気の冷え込みが背景にあるのは事実だが、原因はそれだけではない。反響来店率や決定力低下は、**「顧客が徐々に賢くなってきている」**ことによるものだ。つまり、一部の業者がいまだに行っている「オトリ物件」に代表されるような「騙し」が通用しなくなっているのである。

139ページの表をご覧いただきたい。家の住み替えというのは、人生の中でそう何度もあるものではない。毎日、毎週買うような日用生活品に比べると、かなり「頻度の低い購買行動」であるといえる。こうした買い手の購買経験の低いサービスの場合、消費者に知識や経験が蓄積されにくく、売り手との間に相当な情報格差が生じる。そのために、売り手優位で契約交渉が進むので、売り手が多少不勉強でも売れる構造になりやすい。

しかし、インターネットの普及がこの構造を大きく変えてしまった。

買い手である入居者は、ネット上の様々なポータルサイトや不動産会社のサイトを自由に渡り歩いたり、不動産会社を利用した経験者のブログを読み漁ることによって、相当な情報と知見を得ることができるようになったのである。

不動産系のポータルサイトや賃貸入居経験者のコミュニティサイトが充実すればするほどこの傾向は強くなり、賃貸入居が初めてのファーストユーザーが、何度も賃貸物件への入居を経験したヘビーユーザーと同等の経験知を手に入れることも可能になっているのだ。

表にもあるように、ネットなどを通じた情報流通量が多くなればなるほど、売り手には**「新鮮で正確でジャストな情報」**が求められるようになる。つまり、入居者が求める物件を発掘し、それを適時わかりやすくサイトに掲載・更新し続けなくてはならない。

以前のように、いつまでも同じオトリ物件をずっとサイトに載せているようでは、それを見破られて反響が取れなくなったり、仮に反響があっても来店まで結び付け難くなっている。

さらに、業界のライフサイクル進展とともに、不動産賃貸仲介店の数が増えて競争が激しくなると、各店のサービスレベルが向上していく。すると、かつてに比べて不動産賃貸仲介店を気軽に訪れる人が増え、接客されることに慣れた入居希望者が増えてくる。このように、購買経験や接客経験を重ねていくにつれて、来店者は「前回接客してくれた他店と同等かそれ以上のサービス」を期待するようになる。

つまり、売り手である不動産賃貸仲介業者は、「新鮮で正確でジャストな情報」に加えて、**「期待を超えるサービス」**を提供し続けなくてはならない。買い手が情報量と購買経験の増加とともに成長するのだから、当然、売り手のほうも成長しなくてはならない。

つまり、**顧客のヘビーユーザー化に対応できる業態を開発した者のみが生き残る**のである。これは不動産賃貸仲介の業界に限ったことではなく、他の業種や業界を見渡してもまったく同じことが言える。

特に転換点を超えて衰退期に差し掛かろうとしている業界にあっては、なおさらのことである。

■顧客の行動シナリオを予測する

顧客の行動シナリオという言葉を聞いたことはあるだろうか？

賃貸物件の情報を探して来店するまでに顧客が辿る心理的な変遷のプロセスのことであ

■消費者の知識・経験の推移と売り手に求められるもの

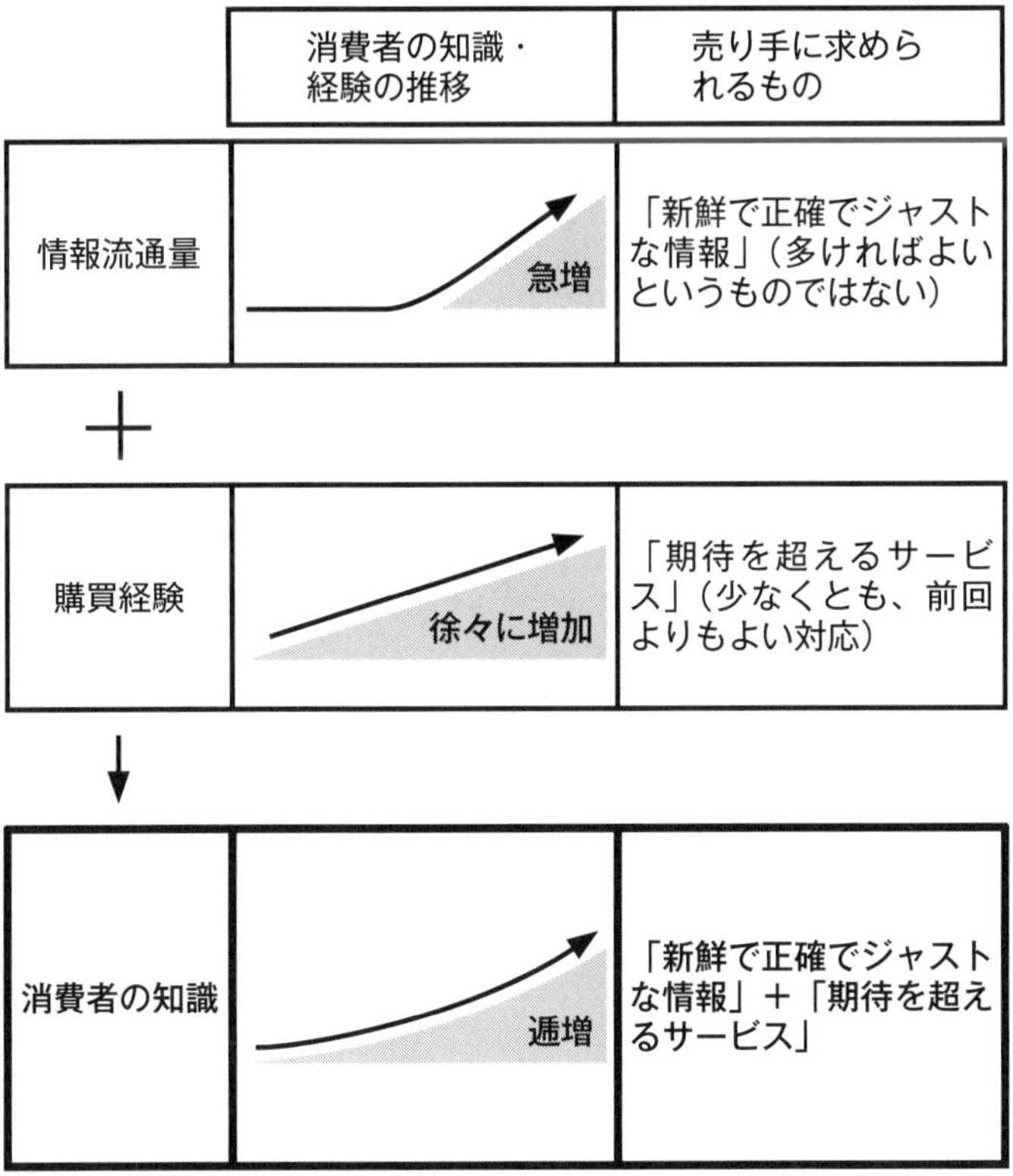

	消費者の知識・経験の推移	売り手に求められるもの
情報流通量	急増	「新鮮で正確でジャストな情報」（多ければよいというものではない）
購買経験	徐々に増加	「期待を超えるサービス」（少なくとも、前回よりもよい対応）
消費者の知識	逓増	「新鮮で正確でジャストな情報」＋「期待を超えるサービス」

る。「お客様の気持ちになって考える」というのは、この顧客の行動シナリオを予測することに他ならない。

人間が購買にいたるまでの行動プロセスをわかりやすく示した理論として、「AIDMA」が有名である。

A＝Attention（注意が喚起され）
I＝Interest（興味を抱き）
D＝Desire（欲しいという感情を抱き）
M＝Memory（記憶し）
A＝Action（購買する）

インターネットが普及した昨今、これが「AISAS」へと移り変わったという理論を広告代理店の電通が展開している（なお、AISASは同社の登録商標）。同社は次のように述べている。

Ａ＝Attention（注意が喚起され）
Ｉ＝Interest（興味を抱き）
Ｓ＝Search（検索し）
Ａ＝Action（購買し）
Ｓ＝Share（情報を共有する）

この理論を参考にしつつ、賃貸物件の潜在顧客の購買行動シナリオのパターンを仮説として１４２ページの図に整理してみたので、参考にしていただきたい。あくまで行動シナリオの１パターンに過ぎず、他にも様々な行動シナリオが存在するはずである。重要なのは、**「自店がターゲットとする顧客は、どのような心理的な変遷と行動を辿って来店しているのか」**を、自分たちで繰り返しシミュレーションすることである。

■物件提案力①　家賃単価を高めるには「予算帯別マーケティング」を実践せよ

物件提案力の向上は、「家賃単価の向上」と「管理物件稼働率の向上」をいかに実現するかにかかっている。

■賃貸仲介の反響客の行動シナリオのパターン（例）

発見媒体で興味を抱く	WEBだけでアプローチしてくる人は稀。ネット以外の「発見媒体」で物件を記憶して、そのキーワードをもとにWEBにアクセスしてくる。だから雑誌は来ないというのは間違い。
↓	
ネットで詳細な情報探究	リクルート調査（2006年）によると、住宅検討者の72%がネットを利用。しかし。83%がチラシを、64%が雑誌を利用したとも回答している。つまり、重複利用している。3メディア複合利用者は全体の41%、2メディア複合利用者は38%、看板・雑誌・ネットの複合効果を大事にしよう。
↓	
類似物件の探索	お客様は簡単に他のサイトや物件を自由に何度も渡り歩ける。「今日は何か出ているかな？　昨日あった物件、やっぱりもうなくなっている……」というように、毎日サイトをチェックして問い合わせのタイミングを図っている。
↓	
類似物件と当初に発見した物件を比較	「これはいい！」と思える好条件物件がいつまでも掲載されていると、簡単に「オトリだな」と見抜かれてしまう。→ないものをオトリにして反響をとってもお客さまは騙せない。
↓	
営業店にメールで問い合わせ	お客様は「勇気を振り絞って」問い合わせをしてくる。お客様の「恐怖心」や「疑念」を取り除くことができるかどうかが最初のポイント。
↓	
メールでのやりとりで担当者の対応を試す	メールや電話の応対を通じて、「信頼できる相手かどうか」を試している。「反響数」が低いのか、それとも「反響来店率」が低いのか？　反響来店率が低い場合はこのプロセスで不安感・不信感を与えてしまい、客を逃している。
↓	
来店の約束をする	

入居者がたどる行動シナリオのプロセスを意識した応対・準備を！

まず家賃単価から見ていくことにする。

船井総研では「予算帯別マーケティング」を推奨している。これは一般消費者向けのビジネスには遍く応用できる普遍的なルールなので、ここで簡単に触れておきたい。

モノやサービスの値段には必ず「境目」が存在し、この境目には一定の法則性があることがわかっている。ちなみにその境目とは、「４・６・８・12・18」という数字によって構成され、桁が変わってもこの法則性は概ね当てはまる。

この法則を、月家賃に当てはめてみる。

たとえば、家賃約６万円の物件を探している顧客は、背伸びすれば８万円弱の物件にまでなら手を伸ばすが、おそらく８万円以上の物件には手を出さない。また、家賃８〜12万円の客層と12〜18万円の客層とでは、特性が異なるのではないだろうか。

このように、ある境目と次の境目の間を「**予算帯**」という。つまり、顧客の「懐具合」である。

そして顧客は、自分の懐具合（つまり予算帯）の範囲内で「上・中・下」の比較購買をしている。この「上・中・下」の品揃えをしっかりと行うことによって、比較購買が促進される。売り手としても、「少し背伸びすれば手の届きそうな物件」を提案しやすくなるのだ。

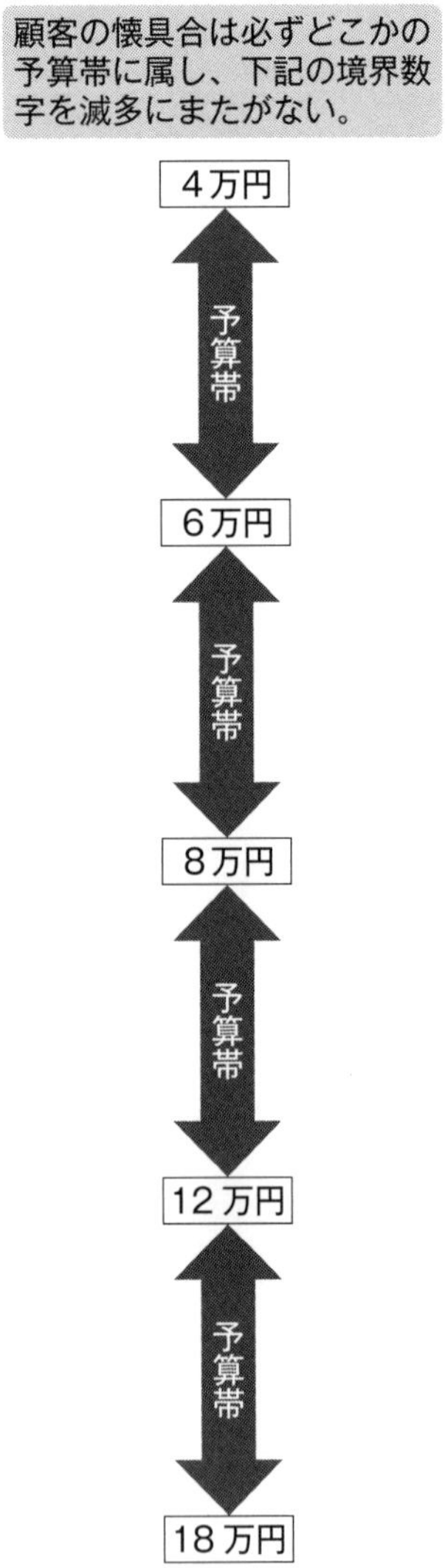

まず、自店が「どの予算帯の顧客」を主たるターゲットとするかを定め、この予算帯に属する物件の品揃えを強化する。次に、その予算帯範囲において顧客の比較購買を促すよう、価格が段階的になるような品揃えを意識的に行う。

これによって、客単価を上方向に導く提案ができるようになるのだ。

これが、予算帯別マーケティングの基本的な考え方である。

また、各予算帯における物件の構成比を、周辺の競合状況や景況に応じて、戦略的に微調整すると、さらに効果的である。

たとえば、好況時の構成比を「上２：中７：下１」にしておいて、景気が落ち込んでいるときには「上１：中６：下３」などといったように、自店に最も好ましい価格構成比を戦略的に設定して、それを意識した物件の調達を行う。

参考までに、これを整理するための簡単なマトリックスを１４６ページに掲載させていただいた。船井総研ではこれをＭＤ（マーチャンダイジング）表と呼んで、コンサルティング現場で活用している。実際にはもう少し緻密な仕様になっているが、基本構造はここに示すものと同じである。

この表をうまく活用して、自店の品揃えを戦略的に行っていただきたい。

■物件提案力②　管理物件稼働率を高める鍵は「リーシングと管理の一体化」

次に管理物件稼働率をいかに高めるかである。

当然のことながら、業物や専任物件よりも、入居後の管理料収入を継続的に見込める管理物件を優先的に提案・案内するほうが、自社の収益単価は高くなる。

対オーナー向けにも、自社のリーシング力をアピールできる。

■各予算帯における物件の構成比を整理するためのマトリックス

<table>
<tr><td colspan="3" rowspan="2">（価格）</td><td colspan="3">カテゴリー</td></tr>
<tr><td>新婚</td><td>ファミリー</td><td>単身</td></tr>
<tr><td rowspan="9">予算帯</td><td rowspan="3">ハイエンドゾーン</td><td>上（　　）</td><td></td><td></td><td></td></tr>
<tr><td>中（　　）</td><td></td><td></td><td></td></tr>
<tr><td>下（　　）</td><td></td><td></td><td></td></tr>
<tr><td rowspan="3">ボリュームゾーン</td><td>上（　　）</td><td></td><td></td><td></td></tr>
<tr><td>中（　　）</td><td></td><td></td><td></td></tr>
<tr><td>下（　　）</td><td></td><td></td><td></td></tr>
<tr><td rowspan="3">ローエンドゾーン</td><td>上（　　）</td><td></td><td></td><td></td></tr>
<tr><td>中（　　）</td><td></td><td></td><td></td></tr>
<tr><td>下（　　）</td><td></td><td></td><td></td></tr>
</table>

この表のどこを強化するかを、競合店の関係性などから戦略的に決定する

ところが、こういうことがわかっていても、自社管理物件への客付けが現場で意識されないことが多い。一部の地域では多額の広告料が存在することも背景にあるが、根本的な原因はそもそも自社の管理物件のことを営業マンが詳しく知らないことにある。管理物件のことは管理部に任せきりにしてしまい、営業マンは管理物件を見たことすらないケースも少なくない。これでは、物件が動くはずはない。

これを解消するために、長期空室が続いている管理物件には営業マンも総出で清掃に出かける、部屋の中にその物件の長所をPRするPOPを設置する、オーナーへのリフォーム提案には客付け（リーシング）担当の営業マンも同席するなどの工夫を行う。

なお、空室対策については、全国賃貸管理ビジネス協会の「経営マインド21部会」（齋藤正浩部会長）にて本格的な研究が行われており、今後の成果に期待したい。

■付帯商品強化で「客単価アップ力」を磨く

収益単価を上げるうえで、短期間で顕著な成果に最もつながりやすいのは、やはり「付帯商品の販売強化」である。前の章で述べた「家賃単価の向上」と「管理物件稼働率の向上」などは賃貸仲介業の根幹をなす本質的要素であるので、避けては通れない長期的課題である。しかし、一朝一夕に成果が目に見えて上がるものではない。時間をかけてじっくり漢方治療を行うように、「体質の転換」を図るようなものである。

一方、「付帯商品の販売強化」には、すぐに取り組めて、その成果が目に見えてわかりやすい「即効薬」のような働きがある。

人間は、長期的な努力によって得られる大きな効用よりも、むしろ短期間で目に見える小さな効用を優先して行動を起こしやすい。「遠い未来の大きな果実」よりも、「小さくても確実に手に入る近い未来の果実」を優先するのだ。

禁煙やダイエットがなぜ実を結びにくいかを考えてみればわかりやすい。ダイエットによって得られるのは「痩せる」という利益だが、それを得られるのは少なくとも数カ月先のことであり、しかも本当に痩せるかどうかの保証はどこにもない。一方、目の前にある美味しそうなご馳走を食べれば、「確実」かつ「今すぐ」に快楽を手に入れることができる。大半の人間は、後者を選択するのである。これがダイエットが実を結ばない最大の理由である。

遠い未来には「痩せて異性にモテたり、健康を維持できるかもしれない」という大きな果実があるにもかかわらず、目の前の「美味しい」という快楽に対して、モチベーションを感じてしまうのが人間の性なのだ。

そういう意味では、付帯商品の販売強化というのは、成果が短期的に目に見えて上がりやすく、現場を活気づけるカンフル剤のような効能がある。加えて、そういった一時的な効能だけでなく、収益構造の転換という体質改善を同時にもたらす。

船井総研には「**即時業績向上法**」という、コンサルティングメソッドの黄金律がある。中長期的に企業の業績を向上させるには「**小さくても目先の業績が短期間に上がることから着手せよ**」という考え方である。仮に小さな成果であっても、自分たちのちょっとした取り組みで、短期間のうちに業績が上がることを社員が実感すると、「**やればできる、やれば変わる**」という自信が生まれ、前向きなエネルギーが沸いてくる。静止している物体を動かすには、まずは初動を起こすことである。小さいながらも確実な前進を実感できると、徐々に前進速度が上がっていく。

大きな成功を目指すなら、まずは小さな成功を積み重ねることが肝要である。

では、付帯商品の取扱いによって、具体的にどの程度の収益がもたらされるのか。１５０ページの表をご覧いただきたい。これは、ある会社が自社の取扱商品をすべてお奨めして契約できたと仮定した収益シミュレーションであり、入居時にフルにお申し込みいただ

■付帯商品を導入した場合の収益シミュレーション

区分	項目	販売価格	手数料
基本	仲介手数料	60,000円	60,000円
保険	少額短期保険	15,750円	6,300円
	家賃保証（保証料30%）	18,000円	1,800円
付帯	24時間緊急駆け付けサービス	15,750円	6,300円
	簡易消化剤	5,980円	2,500円
	鍵交換	15,000円	10,000円
	補助錠	2,100円	1,050円
取次	新聞購読申込取次	—	3,000円
	インターネット取次	—	3,000円
		—	10,000円
	各種受信料取次	—	3,300円
	引越取次	—	10,000円

※上記に示した手数料はあくまでも参考値であり、実際の手数料とは異なるケースがあります。

いた場合、その粗利益は４万８２５０円に上る。例に挙げさせていただいた会社の仲介手数料の平均が６万円なので、付帯商品をフルに付加すれば客単価は優に10万円を超えることになる。

■粗利率が23％アップした仲介店が実際にやったこと

ここで、ある取り組みによって収益単価が劇的に向上した会社の事例をご紹介しよう。付帯商品の販売に全社を挙げて注力したことによって、全社の売上総利益率（粗利益率）が23％改善した不動産仲介管理会社、株式会社アップルの事例である。同社は埼玉を中心に約20数店舗の仲介店舗を展開している。

同社が賃貸仲介店を展開している埼玉エリアは、東京のベッドタウンとして多数の賃貸収益物件が存在するが、都心部やその近郊地域と比較した家賃相場は決して高いエリアとは言えず、仲介手数料単価の低さが悩みの種であった。そこで、同社では物件の仲介手数料以外の収益を付加するために、付帯商品の本格的導入に取り組むことになった。

同社では以前から、抗菌・消臭・害虫駆除の付帯サービスに取り組み、それに次ぐ準主力の付帯商品を探していたが、そうした中で同社が着目したのは、「アクト安心ライフ24

（次ページ写真）」という入居者向け緊急駆け付けサービスであった。これは「24時間いつでも何かあったら駆けつける」というサービスを、1万5750円で2年間入居者に提供するというものだ。

入居者が鍵を紛失したり、ガラスを破損したり、水漏れなどのトラブルが発生したときに、専門スタッフが駆けつけるというのがそのサービス内容である。

「入居者の生活の不安を解消し、安全・快適な暮らしをサポートする」というコンセプトのもとに株式会社アクトコールという会社が提供している。

不動産賃貸店は、この商品を入居者に販売することによって6300円の収益を得ることができる。6300円というと、さいたま市周辺のワンルーム賃料相場の約1割強に相当する金額である。

付帯商品導入の旗振り役である同社の相楽忠大常務は、「入居者に必ず喜んでもらえる」という確信のもとに、全店舗でこのアクト安心ライフ24の販売を決意。利益率の高さも重要ではあるが、それよりもむしろ**「入居者の満足につながる」という点を重視**して本格導入に踏み切った。

当初は店や営業マンによって販売姿勢にバラつきがみられ、物件の仲介契約件数に対す

株式会社アップルの相良忠大常務は、24 時間緊急駆け付けサービス「アクト安心ライフ 24」の販売に取り組み、付帯率 60％台を達成。同社はこうした付帯商品への取り組みで、粗利益率を 23％改善させた

るアクト安心ライフ24の付帯率は20％強（10人の入居契約者のうち２〜３人しか申し込まない状態）であった。

それでも、相楽常務は店長を中心に根気強くこの必要性を説くとともに、**成功モデル店**を意図的に作り上げ、これを全社展開することで、徐々に付帯率を高めていった。結果、今ではその付帯率は60％台に上っている。

一旦こうした付帯商品を入居者に提供する意味や必要性、その手法を理解した営業マンたちは、他の商品も抵抗なく売れるようになり、今ではアクト安心ライフ24以外にも入居者１人につき平均４〜５アイテムの付帯商品を提供するようになっている。

当然、その分だけ収益単価は飛躍的に向上

している。

同社のある営業マンは「高い家賃の部屋を無理に薦めるよりも、よほど理にかなっているし、入居者にも喜んでもらえるということが何より嬉しい」と語っている。

最初のうちは物件以外の商品を売ることに難色を示していた社員たちが、今では自主的に付帯商品販売強化の勉強会などを開催しているそうだ。

3「変革」を組織に定着させるまで

■社長が「やろう」と決めたことが現場で実行されない本当の理由

ここにご紹介した株式会社アップルの場合は、組織的にも統制が非常によくとれており、社員の多くが会社の方針を素直に受け入れる姿勢を持っていたため、これだけ早期に付帯商品販売による収益単価向上に繋がったわけだが、普通、なかなかこうは行かない。

社長が「付帯商品を導入して収益単価を上げていこう」と方針を明示しても、現場の反応は最初のうちは決まって冷ややかだ。最初から「それはいいですね！　ぜひやりましょう！」という反応をする社員は少ない。むしろ、それが普通なのだ。

「繁忙期にそんな業務を付加したら、接客の時間が長くなって対応できる客数が減る」

「余計なものを入居者に薦めたら、嫌がられて他店に流れてしまう」

他にも代表的な抵抗反応とその言い分を次にまとめてみた。

①『私は、お客様に押売りしたくない』
②『お客様が初期費用を少なくしたいと言っている』
③『他の説明があって紹介する暇がない』
④『申し込みした後の手続きが面倒くさい』
⑤『商品が複雑すぎて覚えきれない』

聞く限りでは、どれも「ごもっとも」である。

しかし、「物件以外のモノを売るのは悪いこと」というのは、変革への抵抗心理から来るもっともらしい言い訳であるケースがほとんどである。

それなら、もっと楽で手間のかからないシンプルな単価アップの方法があれば、ぜひ提案してもらいたい（これは、こちらの言い分なのだが……）。

人間というのは、安定を好み、変化を恐れる。どんなに優れた経営戦略であっても、組織の変革に対する抵抗に遭って実を結ばないことが多い。これは、かの有名な経営学者アンゾフが残した名言である。

前著『ビジネススクールでは学べない取締役の教科書』（総合法令出版）でも述べたが、人が変革を避けようとするのにはいくつかの理由がある。

①余計な仕事が増えてしんどくなるかもしれない、という恐怖感
②変革には苦労がつきもの、という思い込み
③変革を受け入れても何も報われないかもしれない、という不信感
④そもそも変革がなぜ必要なのか理解できない

現場のこうした不安や不信の感情を取り除かないことには、付帯商品の導入に限らず、どんな新しい取り組みでさえも、実を結ばない。組織というのは、こうして硬直化し、弱っていくのである。

■新たな変革を、「抵抗する組織」に浸透・定着させるには？

では、組織や現場に変革を受け入れてもらうには、どうすればいいのか。

船井総研の賃貸管理業専門のコンサルティングチーム（担当　谷内《やない》グループマネージャー）が、付帯商品の導入コンサルティングの現場を通じてルール化した進め方を次にご紹介したい。

まず、159ページの図をご覧いただきたい。付帯商品に限らず、新たな取り組みを組織に導入し、定着させるための要素を全体体系にまとめるとこのようになる。

■会社で決めたことを当たり前にやる『意識』を醸成できているか？

付帯商品の導入であれ、なんであれ、これから新たに取り組もうとしていることが「何のため」なのか、つまりその目的を明確に示し、これをしっかりと幹部クラスの腑に落とすことが必要である。たとえば、本章の冒頭に述べたような時流やライフサイクルの話から入るのもいいし、それによって、どれだけのメリットが会社と入居者にもたらされるかを説明するのもいい。

いずれにせよ、まずは「**取り組むのが当たり前**」というムードを社内に作り上げていくのがまず先決である。初めにここで大きくつまずいてしまうと、教育研修やマニュアル整備にどれだけ注力しても成果には繋がりにくい。

■新たな取り組みを組織に導入して定着させるための要因

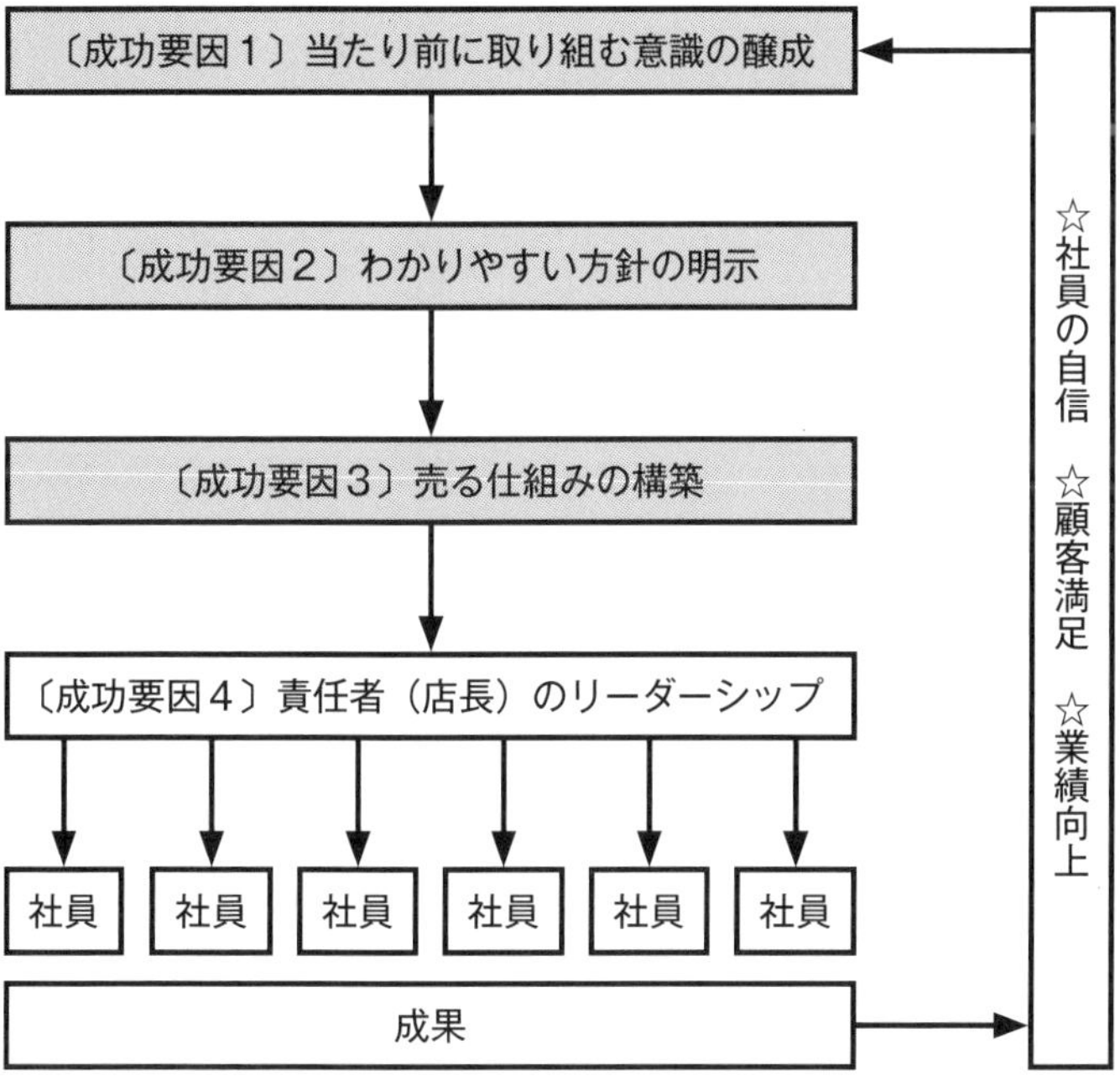

この段階で障害になりやすいのが、過去に繰り返されてきたトップの朝令暮改に対する社員の辟易感である。「場当たり的な方針や戦略」を思いつきで打ち出しては、中途半端な状態で投げ出してしまう。トップがこれを繰り返してきた会社によく見られる反応である。

「社長がまたなんか言い出したよ。放っておけばすぐにおさまるだろう」といったような反応が出やすい組織は黄色信号が灯っていると考えたほうがいい。トップと現場の信頼関係が崩れかけているからだ。当然、組織をそのような状態にしてしまった経営陣に責任はある。経営環境の変化が激しい中、自ら明示した方針や社員との約束を途中で変えざるを得ないこともあるだろうが、然るべき朝令暮改にもやはり納得の行く説明が必要だ。これを怠ると、経営者と社員の間の信頼関係は崩れてしまい、「社長の『思いつきの変革論』は聞き流そう」という暗黙の行動規範が現場に形成されてしまう。

そもそも社長が「右!」と言っているのに幹部がなかなか右を向いてくれないようでは、付帯商品の導入はおろか会社運営すら危うい。

何をやるにしても、まずは社長以下、**幹部クラスの認識と意思統一**が先決となる。

何をやっても定着しない会社では「やってみたけど、現場から文句が出て続かなかった」ということが繰り返されている。「現場の意見やモチベーションを尊重したい」などという上っ面なボトムアップ主義で、何もしない社員を甘やかしているのである。

会社として「**絶対に定着させる**」という意思表示を明確に行い、場合によっては社員の昇格・昇給・賞与などの査定にもしっかりとリンクさせることを伝える。

方針に従って成果を挙げた社員を表彰したり、逆に方針に従わない社員は成果が出るまで研修に参加させるなど、会社としての姿勢を明確に打ち出す。

これをしつこく継続することで、じわじわと「**当たり前にやる空気**」が組織内に芽生え始める。お客様にプラスになる商品を当たり前に扱っている意識が「現場」にある店では、必ず商品が動き始める。

【取り組み例①】

参考までに、神奈川県で不動産仲介管理業を営む、O社の取り組みをご紹介したい。

同社の付帯商品導入責任者のW氏は、どうすれば社員が付帯商品販売に自信をもって当たり前に取り組むようになるかを腐心した結果、「社員モニター」というアイデアに行き着いた。

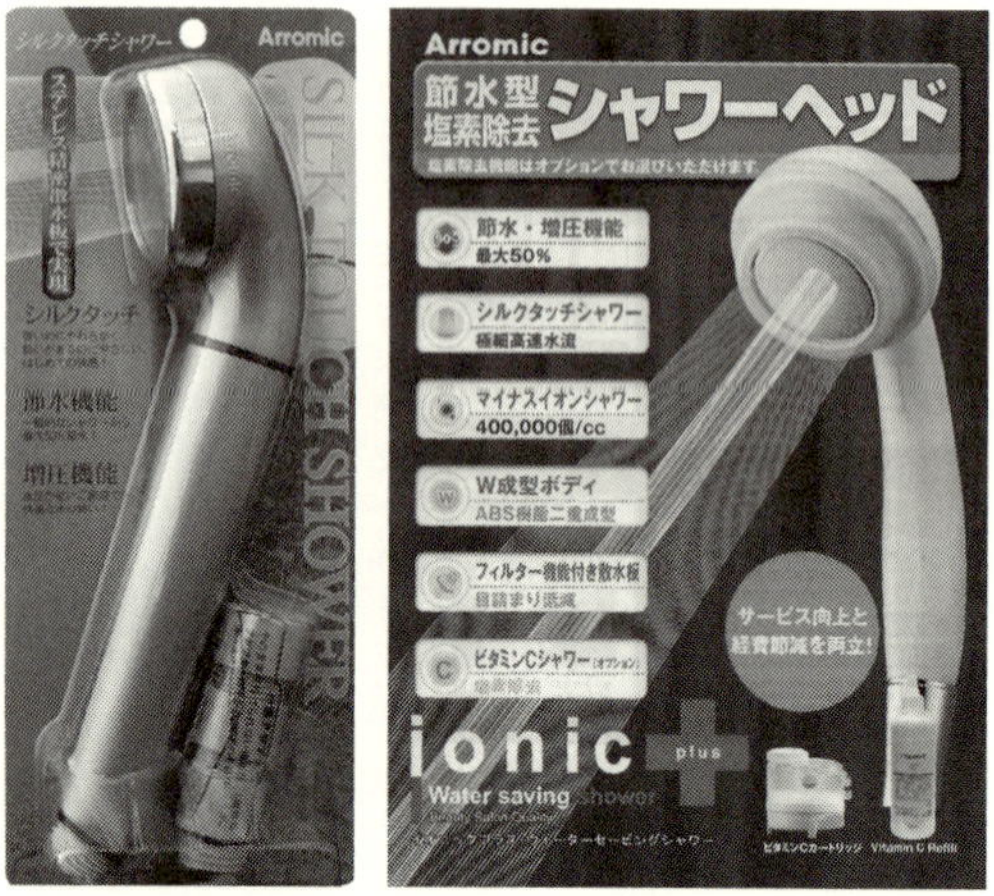

O社は、社員モニター制度によって、商品への理解を促し、
「積極的に売る姿勢」を定着させることに成功した

W氏はこの社員モニター制度を、まず「浴室用シャワーヘッド（写真）」で試してみることにした。

メーカーの触れ込みによると、「浴室のシャワーヘッドをこの商品に付け替えると節水・増圧効果があり、美容室のシャワーのような感覚が得られる」という商品であった。しかし、こうしたメーカーの売り込みの文句だけを読んで理解させても、なかなか販売に繋がらない。

そこで、20名の営業社員をモニターとして募集し、実際にそのシャワーヘッドをしばらく自宅にて使用させた。

社員がモニターとして使用体験できる商品を積極的に社員に試用させ、自らそのメリットを実感させたうえで販売にあたらせればよいのではないか、と考えたのだ。

試用させた後に社員に対してアンケートを実施すると、「本当に水圧が上がって気持ちよかった」「仮に節水効果がさほど顕著でなくても、使い心地がよいのでお客様は喜ぶと思う」などの回答がモニター社員から続々と報告され、同時に「これならお客様にお奨めできる」という自信が社員に芽生え始め、お客様に積極的に商品を勧めるようになったという。

■会社の『方針』と『目標』が明確になっているか？

前述した認識&意識の統一を図りつつ、次に行うのは具体的な方針伝達である。

会社として、付帯商品販売に対して明確な目標を設定する。「いつまで」に「どの程度」を達成するのか、そして、達成した店や社員をどのように評価するのか、逆に達成できなかった店や社員をどのように処遇するのか。責任者を誰にしてどのような体制で推進するのか。

つまり、先に明示した「目的」の達成に向けた「マイルストーン」としての目標と評価方法をわかりやすく社員に対して示すのだ。

この目標と実績の管理を、店・個人のレベルにまで落とし込んで正確に行わないことには、トップが打ち出した方針や戦略は、いつまでたっても「念仏」のまま放置されてしまう。

会社が打ち出した方針や目標に向けて組織を突き動かすのは、**トップとの信頼関係と、「目標管理・検証・評価」のPDCAサイクル**なのだ。一生懸命やったことを誰かが数値できちんと見ていて、達成したら褒められ、達成できなければ叱咤があるという枠組みを作らないことには、もともと怠け者の側面を持つ人間は自主的・継続的に動けない。

具体的には「**進捗管理シート**」などを用いて、店別・営業マン別に月別・商品別に目標を設定させ、それに対する実績のレビューと成功事例の共有を定例ミーティングで行う。売れた人、売れた店にはその成功要因を語ってもらい、目標を達成できなかった店・人には今後の対策や改善策を発表してもらう。

■「何をやればいいのか」が具体的にわからないと現場は動かない

次に必要なのは「**売り方**」の共有である。先に述べた目標の進捗管理は不可欠であるが、目標数値だけを決めても組織は動けない。何をどうすればいいのかわからないのに、単に

「やれ」とだけ言われても、社員は困惑するだけである。たとえやる気があってもどうしようもない。

そこで、必要になるのが「**商品知識・販売手法・販促ツール**」の3点セットである。

まず商品知識であるが、これは商品・サービスのサプライヤーに研修に来てもらうのがもっとも手っ取り早い。加えて、販売に従事するスタッフに実際に試用させ、自ら体験したメリットやデメリットなどを社員同士で共有させることで、お客様に対する説明がさらに説得力を増す。メリットだけでなくデメリットもしっかり共有し、それに対する応酬話法を事前に考えておくことで、お客様のネガティブな質問にも慌てず冷静に対応できる。

次に販売手法。これはサプライヤーに教わるよりも、自分たちに合ったやり方を考えるほうが実態に即した手法を確立できる。具体的には、「反響→来店→案内→見積→重説→契約→鍵渡し」の各接客プロセスの中身を分解し、どのタイミングでどのように進めるかをある程度パターン化して共有する。さらに、トライアル＆エラーを通じてこれに手を加えてどんどん精度を上げていくことで、付帯商品の契約率は断続的に上昇していくはずだ。

そして、販促ツール。営業マンが商品をお客様に奨めるうえで、必要となる販促ツールをこれも「反響→来店→案内→見積→重説→契約→鍵渡し」の各プロセスごとに用意する。

■販促ツールごとの訴求内容

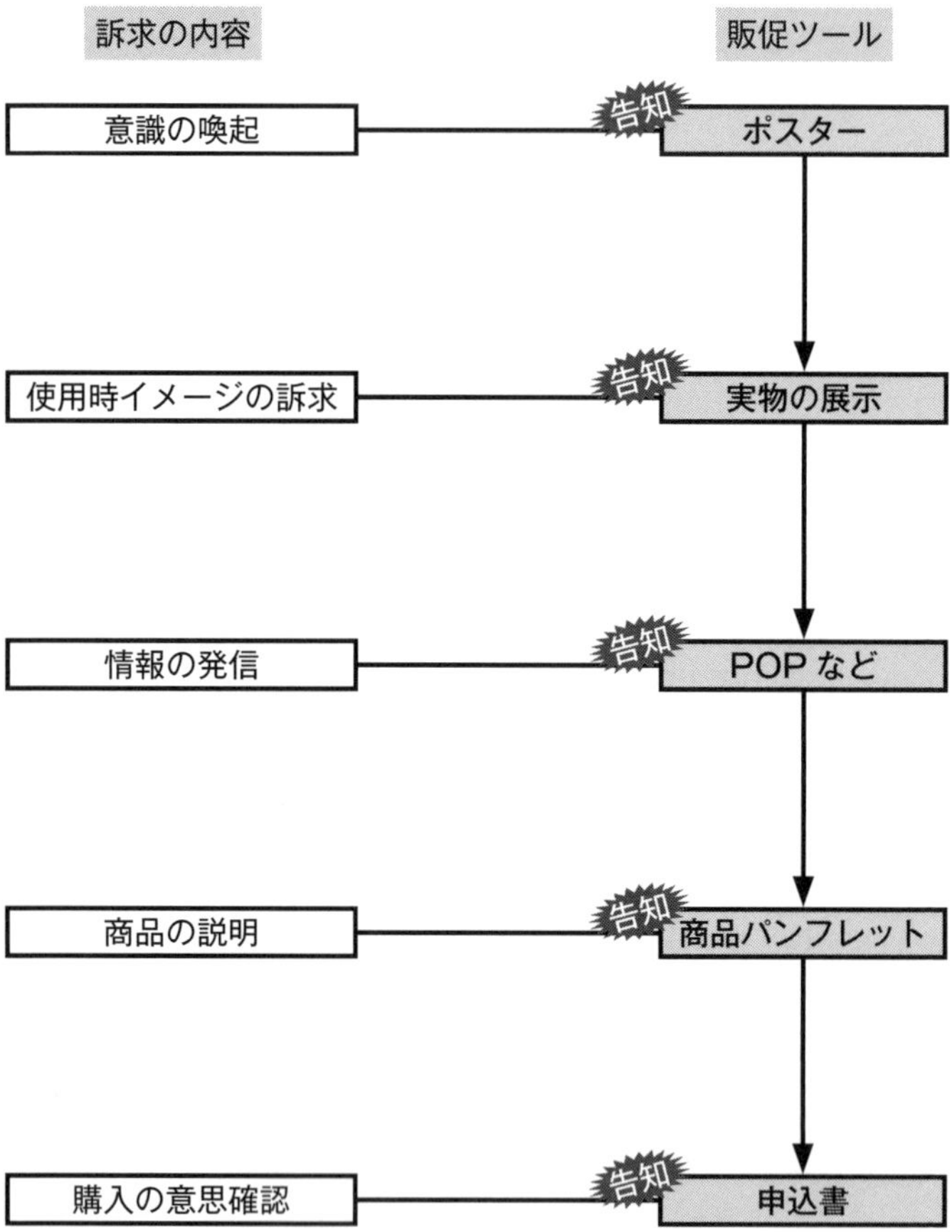

来店時、お客様をカウンターで待たせている間に、パソコンのスクリーンセイバー（待機画面）で付帯商品の活用法やメリットなどを動画で見せる。

案内の車中でお客様が後部座席に座った際に必ず目にする位置に、ＰＯＰや車載モニターを取り付けて、さりげなく車内でその内容に触れる。

見積の際に、見積書の金額項目欄に扱っている付帯商品の項目と金額を入れておき、チェックマークをつければいいだけにしておく。

こうした補助ツールを用意しておけば、営業マンが話のきっかけを掴みやすくなるだけでなく、「これは何ですか？」という質問をお客様のほうから投げてくることもある。

【取り組み例②】

次に紹介するのは、学生客中心で低くなりがちな仲介手数料単価を補うために、新聞の定期購読の取次ぎ業務を始めた事例である。

ここで取り上げさせていただくのは、広島にて４店舗を展開する株式会社プランニングサプライという仲介管理会社である。

同社が主に店舗を展開する広島市内では、学生客が多いためにどうしても仲介手数料単

株式会社プランニングサプライでは、「新聞取次ぎ業務」に積極的に取り組むことで、学生が多いエリアでも収益をあげている。写真は同社の住廣敏昭執行役員

価が低くなってしまうことに頭を悩ませていた。

そうしたなか、同社執行役員の住廣敏昭氏は、全国賃貸管理ビジネス協会のセミナーに参加した際に「新聞取次ぎ業務」の存在を知り、早速この導入を決意。住廣氏は「新聞の定期購読者は多いから、比較的簡単に導入できるはず」と踏んでいたが、実際にやってみると意外に「提案漏れ」が多く、申し込み件数がなかなか伸びない。営業マンによって、提案姿勢にかなりのばらつきが生じていたのだ。「やらなければいけない」のはわかってはいるが、どうすればいいのかわからないのである。

そこで、新人営業マンや新聞取次ぎをお薦

めできない営業マンを中心に、研修を繰り返し実施し、次のような接客時の販売トークや応酬話法を習得させた。

「学生さんの場合、就職活動に役立つという理由で、日経新聞を定期購読される方が多いですよ」

「今ここでお申し込み手続きを済ませておけば、入居日にあわせて配達を開始できますよ」などといったように、接客の中で自然と無理なく提案できる話法などを社員同士で共有させている。

住廣氏はポイントをこう語っている。

「入居者様に『**ここで申込みを済ませてしまったほうが便利だな**』といかに思わせるかです」

【取り組み例③】

埼玉県富士見市に本社を置く株式会社渡辺住研では、「壁掛け型簡易消化剤（170ページの写真）」を「室内消毒・鍵交換」とセットにして、「入居パック」として約２万円で入居者に提供している。

株式会社渡辺住研では、この消火剤を使った消火シーンの動画をパソコンのスクリーンセイバーとして常時流しておき、接客時の説明の手間を省いている

提案のタイミングは見積時で、見積書の項目に入居パックが最初から組み込んである。

ただし、見積の段階でいきなり商品の説明をするのではなく、その前のプロセスでもさりげなく商品の効用を伝える仕掛けを行っている。

カウンターに設置してあるパソコンの画面に、壁掛け消化剤で実際にいとも簡単に火が消えてしまうシーンを撮影した動画を流しておき、営業マンが離席している間にお客様が自然とそれを眺めてしまうように設定してある。

また、内見案内の車中で後部座席に座ったお客様の目の前に、クリアシートに入れたＰＯＰを吊り下げておき、お客様が自然と説明を求めてくる仕掛けをしている。

同社の渡邉毅人社長は、付帯商品販売を定着させるポイントを次のように述べている。

①トップが付帯商品の販売に本気の姿勢を示す
②店舗や営業者できちんとプロモーションを行いお客様の興味を喚起する
③営業マンはタイミングを逃さず必ず紹介・説明する
④営業マンの実績はきちんと評価する

■実行責任者の率先垂範がなければ現場は動かない

付帯商品販売のスキームが現場に定着するかどうかの最後の鍵は、現場の責任者が握っている。つまり、店長が、会社から与えられた命題の実行に、リーダーシップを発揮できるかどうかである。

トップによる目的・目標の説明がなされ、売り方の共有がなされ、進捗管理の枠組みも整備されているのに、いつまで経っても動かない営業マンがいる。そういう営業マンは、たいてい同じ店に所属しているか、同じ店長の下で働いている。要するに、その店長がきちんと役割を果たしていないのだ。

当の店長に問いただしてみると、「いや、私はちゃんと指示しています」という。本人は会社の方針を理解して、現場に指示を出しているというのだ。しかし、大抵は「指示するだけ」で自分では何も動いていないケースが多い。こういう店長は、リーダーシップの意味を履き違えているか、リーダーシップとマネジメントを混同して捉えている。

リーダーシップとは、あくまでリーダーによる率先垂範を伴うもので、単に「やっておけ」というのはリーダーシップではない。

ここで、リーダーシップとマネジメントを混同しているケースが多いので、両者が別物であることに触れておきたい。

リーダーシップとは、「**組織の使命や目的を果たすための目標とその達成計画を自ら定め、これを組織に周知徹底し、自らの率先垂範により組織を動かし、組織を目的の達成に導くこと**」である。

フローに整理すると、「**①目標と計画の構築↓②率先垂範↓③指示・伝達・統制**」となる。

一方、マネジメントとは、「**組織の構成員の能力や長所に応じた役割を与え、その努力や成果を認めることで彼らの自主性と積極性を喚起しつつ、目的を達成するための進捗管理とフォローを行うこと**」である。これもフローに置き換えると、「**①役割と長所の発見↓②動機付け（目標設定）↓③プロセス管理↓④フィードバック**」となる。

このリーダーシップとマネジメントは、対（セット）で動かすことが基本だ。できれば

■店長の役割

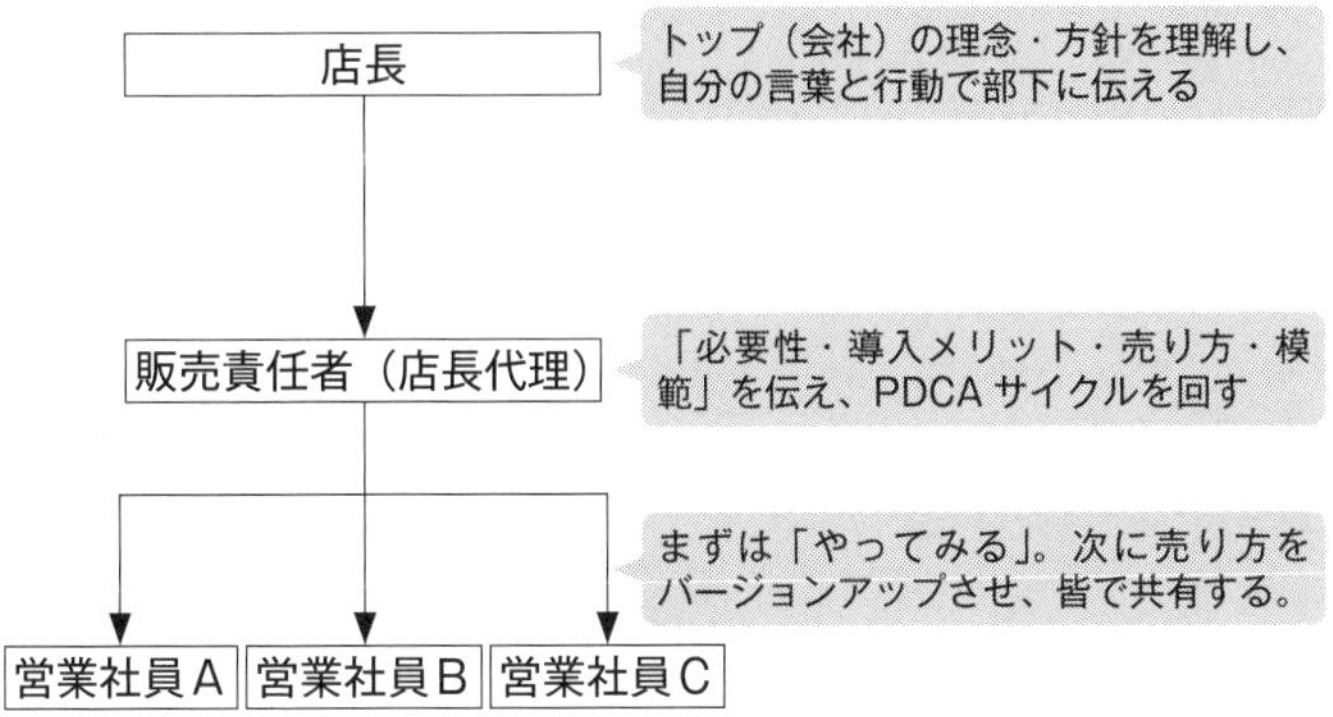
店長
トップ（会社）の理念・方針を理解し、自分の言葉と行動で部下に伝える
販売責任者（店長代理）
「必要性・導入メリット・売り方・模範」を伝え、PDCA サイクルを回す
まずは「やってみる」。次に売り方をバージョンアップさせ、皆で共有する。
営業社員Ａ
営業社員Ｂ
営業社員Ｃ

■段階的な導入による販売方針・手法浸透の流れ

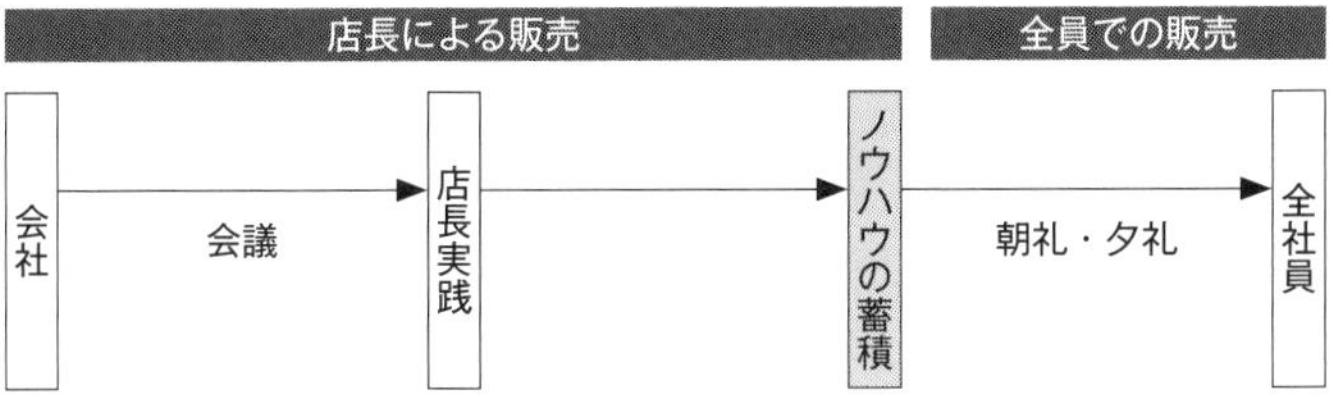
店長による販売
全員での販売
会社
会議
店長実践
ノウハウの蓄積
朝礼・夕礼
全社員

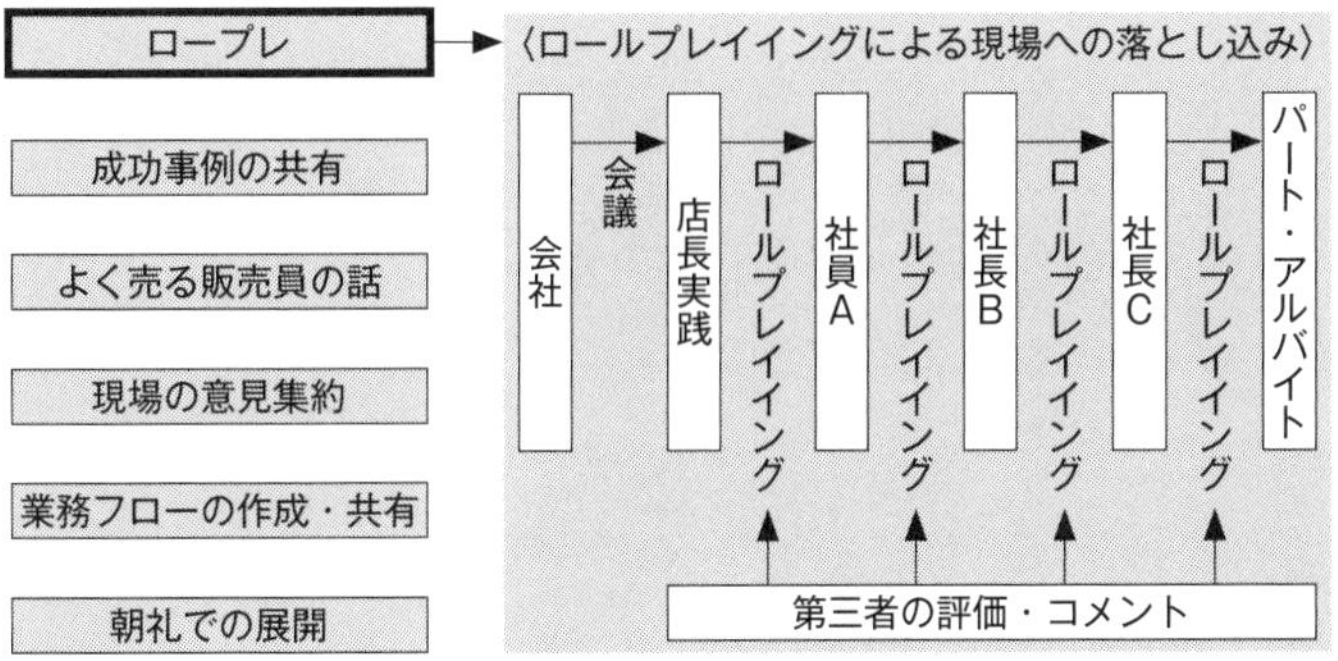
ロープレ
成功事例の共有
よく売る販売員の話
現場の意見集約
業務フローの作成・共有
朝礼での展開
〈ロールプレイイングによる現場への落とし込み〉
会社
会議
店長実践
ロールプレイイング
社員Ａ
社長Ｂ
社長Ｃ
パート・アルバイト
第三者の評価・コメント

同時が望ましいが、あえて優先順位をつけるなら、リーダーシップがマネジメントの先に来るのが自然だ。まずリーダーシップで信頼を勝ち取らないことには、マネジメントは機能しない。

管理職や店長が間違えやすいのは、以下の2つのパターンである。

①自分で動くだけで部下に仕事をやらせきれない
②自らリーダーシップを発揮することなく部下のノルマ管理に走ってしまう
（前著『ビジネススクールでは学べない取締役の教科書』（総合法令出版））から抜粋）

このように、同じ社内にあってその取り組み成果に唯一差が出る要因は、責任者の意識、現場への落とし込みに関するリーダーシップの差であると言える。

店長や販売責任者は、トップ（会社）と現場をつなぐ架け橋。現場への落としこみの成否は販売責任者で決まる。

まずは店長が自ら販売に着手する。店長自身がきちんと売れるようになって、ある程度慣れた時点でスタッフ全員に展開することが肝要である。理想的には、2カ月程度で店長が目標とする商品付帯率に到達してから現場スタッフに展開できれば、さらに弾みがつくことが多い。

こうすることで、スタッフが販売活動上でわからないことを店長に質問できて、店長もそれにきちんと答えることができる。スタッフからの質問に対して、「そんなこと自分で考えろ！」という逃げの常套句も減り、スタッフに対して明快なアドバイスができるようになる。このように、社員から質問されて教える立場の責任者は、最初から販売のポイントを知っていたほうがやりやすい。

導入責任者はお客様の反応を探り、応酬話法を自分で考える。その経験をもとに、現場スタッフに販売のコツを伝えると、スタッフは「あの人は自分で実際にやった経験をもとに話している」という素直なスタンスで話を聞くようになるのだ。

（参考：店長が中心となってロールプレイングで落とし込む）

商品を店長（リーダー）が理解していないと現場には落とし込むことはできない。店舗スタッフへの落とし込みを行う前に、まずは店長（リーダー）が理解することが肝要である。

最初に店長が実践し、下の店長代理に教え、店長代理はその下の営業マンに教え、営業マンはその下の営業マンを教えるという形をとるのが理想的である。

通常の営業時間のお客さんが多くない時間帯を活用したり、研修で全員で集まる際に時間を設けて行うことを習慣づけする。

そこにロープレ研修を織り交ぜても効果的である。全体の研修で行う際は、ロールプレイングを行う2人と、それを観察する側に分け、観察側はロープレが終わったらシートに評定をし、コメントを書いてフィードバックを行う。

■店長が変わればお店が変わる

会社はトップで99％決まる。同様に、店は店長で99％決まる。店長の意識と行動如何によって、店の業績はがらりと変わる。

たとえば、店長としての器が備わった人材が4人しか育っていない状態で、「いい立地の店舗を取得できた」という理由で5店舗目を出店したところ、会社全体の営業利益率が大幅に悪化してしまったという例もある。新たに増えた1店舗分が、丸々コストになってしまったのだ。

また、店の成績不振を立地や競合環境のせいにしていた店長を外し、他の店長に任せた途端に売上がたちまち倍増したというケースもある。

要するに、**店の業績はその店を仕切る店長次第**なのだ。

特に不動産賃貸業のようなマンパワーが業績を大きく左右する仕事では、売上は「店の数」ではなく戦力となる「**人財の数**」で決まる。つまり、人財を育て、その力を引き出して活用する力量を持った店長の頭数によって、会社の業績が左右されるのである。

人は安定を好み、変化を恐れる。しかし、市場も競合も顧客も常に変化している。この「**変化こそ常**」という現実を直視し、受け容れることでしか企業は生き残れない。店長自身が率先して変化に適応する姿勢を見せなければ、その部下たちがそれに匹敵するパフォーマンスを発揮することなどありえない。

■施策が定着したかどうかは数字だけでは見えない！

店長や責任者の率先垂範と進捗管理によって、徐々に数字が上がり始める。

最初のうちは、入居契約数に対して10％、20％、30％といったように徐々に付帯率が伸びていく。そして、付帯率が30％台に達した段階で伸びが緩やかになり、30％台後半で落ち着くのが一般的傾向のようである。

この数字を見て「まずまずだ」と安心してしまうことが多いようだが、この階段の踊り場を突破すると次は付帯率70％台にまで到達させることも不可能ではない。実際に、先に挙げた「24時間緊急駆けつけサービス」や「抗菌・消臭サービス」を、入居契約に対して70％台の付帯率で販売している店は少なくない。

こうした店に共通するのは、販売状況を付帯率などの数字を定量的に可視化するだけでなく、営業マンの「意識・知識・行動」レベルのチェック＆フォローを三位一体でしっかりと行っている点である。

意識があっても知識がなければ行動につながらないし、知識があっても意識がなければこれも行動にはつながらない。また、意識と知識があっても誰かがきちんと評価してくれないと、人の行動は継続しない。

付帯商品を販売するにあたって、商品知識や販売手法を学習するために研修や勉強会を開催し、その後も継続的に数字を進捗管理するというところまでは、ほとんどの店で実施されている。これによって、付帯率はそこそこ安定推移するわけだが、ここから先の工夫如何ではまだまだ伸びる余地が残されている。

付帯商品販売を定着させるポイントを、次に整理してみた。

1. 意識と知識の定着

人間は忘れる生き物であるという前提を忘れてはならない。研修を実施した後も、継続的なフォローが必要となる。

①継続的な情報共有と改善のための会議
②定期的なペーパーテスト実施とその成績記録
③テストの成績や販売実績が合格ラインを超えない営業マンへの追試

2. 行動の確認

接客のシーンでは、お客様と営業マンが1対1になるブラックボックスのプロセスが多々存在するため、本当に適切なタイミングで適切な提案を行っているかどうかが測定できない。これは付帯商品の販売に限ったことではなく、ブラックボックスのプロセスにおいて、適切な接客が行われているかどうかを知る術を持つことが重要である。自社の営業マンを信用するかしないかの問題ではなく、営業マンの自分では「できている」という思い込みを是正すると同時に、ブラックボックスから表出しない好

■付帯商品を定着させる３つのポイント

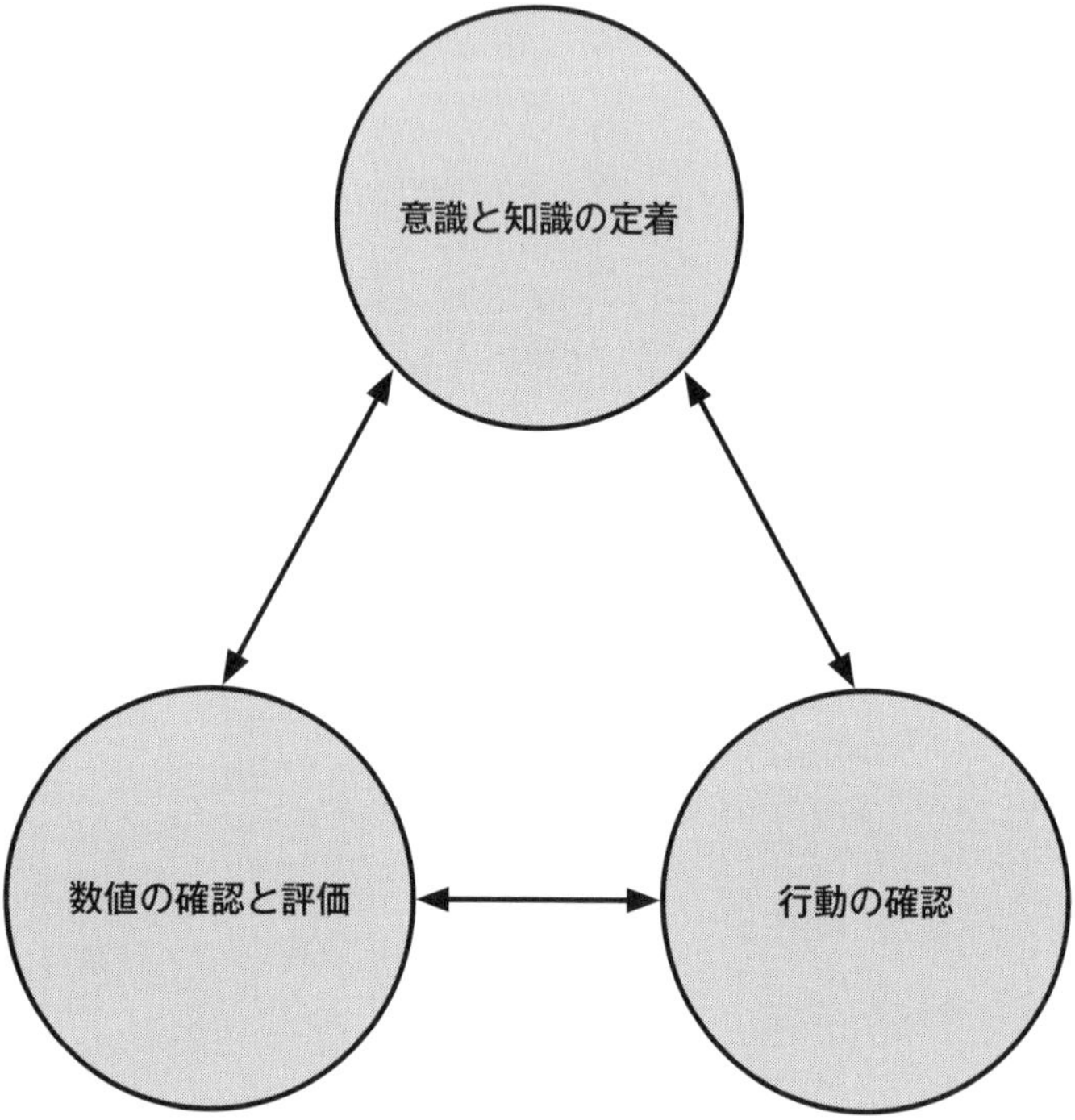

事例を把握し、他の営業マンと共有させることが重要なのだ。

①ミステリーショッパー（自店に対する抜き打ち覆面接客調査）の実施

②お客様アンケートの実施

3. 数値管理と評価

①営業マン個人単位の販売実績と付帯率の実績カウントとランキング公表

②成績上位者の表彰と褒賞金の支給

全営業マンが「抜け漏れなく」できるようになるまで、この３つのポイントをＰＤＣＡサイクルを回すように連続的かつ継続的に押さえることによって、会社の戦略・戦術が現場に確実に定着していくのである。これは付帯商品の販売に限ったことではない。

■「自信」と「やり甲斐」を増幅させれば自ずと自発性が生まれる

新しい戦略や新しい取り組みを現場に落とし込むには、トップや幹部層が一体となった強烈なトップダウンが不可欠であり、これによって、ようやく組織に「初動」が起こる。しかし、「強すぎるトップダウン」で組織を動かし続けると、現場は徐々に疲弊し、やがて自発性を失ったロボット集団のようになってしまう。

緊張、威嚇、否定によるマネジメントは、その恐怖を回避するために働く後ろ向き社員を育てるだけで、前向きなモチベーションに基づく自発的な行動が喚起されない。社員たちは「叱られるからやる」だけで、そこには何の創意工夫も仮説も伴わない。形式的に言われたことをやっているだけで、当然、成果には繋がりにくい。

トップダウンで方針を伝え、強烈なリーダーシップによって組織に初動が喚起されたら、徐々に現場のスタッフからのボトムアップによって自発的・能動的にその動きが加速されるように仕向けなくてはならない。これが、会社の方針や戦略を現場に定着させるうえで、最も重要な最終プロセスになる。

①自分たちの意見やアイデアがタスクに反映される
②自分たちの創意工夫によって成果が上がる
③会社やお客様から感謝のフィードバックを受ける

こうした要素が現実化するか、現実化する可能性が高いと、現場スタッフのモチベーションは俄然高まり、自主的・自発的にそのタスクに取り組むようになる。「やりがい」と「自信」を強化することによって自発性が高まり、トップダウンによってようやく結実した小さな成果が、さらに大きくより短期間で自己成長していくのである。

あとがき

「他人のやり方など参考にしない。俺は我が道を行く」

こういう気骨や確固とした信念を持つことは、確かに大切である。自社や自部門の調子の良いときや自分の考え方だけでうまくいっているときはそれでも構わない。

しかしながら、自社や自部門の調子が決して良い訳でもないのに、我流にこだわり、新しい考え方や他社の好事例から学ぼうとしないのはいかがなものだろうか？

成功している経営者やリーダーはおしなべて、表面上は豪快かつ頑固そうでいて、その一方で非常に繊細で素直な一面を併せ持っている人が多いように思う。

あえて言葉を選ばずに言えば、「これは良い」と感じたことを真似たり盗んだりするのが、非常に上手く、かつ素早い。自身の中に確固たる信念を持ちつつ、常に「盗もう、学ぼう」とアンテナを張り巡らせている。そして、それらを素早く行動に移す。

昨今のように厳しい状況下でもなんとか業績を維持している企業には、こういう資質を持ったリーダーや人財がやはり何人か存在し、絶えず組織を動かし続けているのではないだろうか。

本書では全国賃貸管理ビジネス協会のバックアップを得て、客単価向上の具体的手法とそれを組織に落とし込む方法について、明日からでも「すぐに盗める」ほどに具体的に記させていただいた。

あとは本書を最後までお読みいただいた皆様の業績向上を、心から願うばかりである。

なお、第1部の小説は概ねフィクションであるが、実在する団体や会社も登場している。読者のみなさんが実際に付帯商品販売による収益向上に取り組む際のために、正確な情報を参考までに以下のとおり掲載させていただく。

■全国賃貸管理ビジネス協会　http://www.pbn.jp 電話03－3272－7755
賃貸管理事業者の相互交流による業界の発展をめざす団体。小説には実名で登場。
■株式会社アクトコール　http://www.actcall.jp 電話03－5312－2300
付帯商品の導入支援を無料で引き受けている。小説には「不動産業界専門の商社」として登場。
■賃貸管理ビジネスNAVI　http://www.chintaikanri.biz

付帯商品を探すならココ。成功事例も多数公開されている。小説には実名で登場。

■ＬＩＳＣＯＭ　http://www.liscom.jp/

入居者向けの「新生活応援サイト」。小説には実名で登場。

■株式会社船井総合研究所　http://www.funaisoken.co.jp

無料経営相談窓口０１２０－９５８－２７０

賃貸管理業界をはじめ、さまざまな分野のコンサルティングを行っている日本最大級のコンサルティングファーム。小説には「コンサルティング会社」として登場。

最後になったが、本書の発刊にあたってお力を貸していただいた皆様に、この場を借りてあらためて御礼を申し上げたい。

実は『不動産会社はワインを売れ！』という本書の少し奇抜なタイトルは、公募により決定されている。各所から多数の公募を収集し、それらをわかりやすく整理するという骨の折れる仕事は、株式会社アクトコールの井上麻央さんのお世話になった。

メインタイトルは同社の坂本美保さんの案をそのまま採用させていただき、「今すぐ客単価を伸ばせる新発想」というサブタイトルは柴田聡さんの案にインスピレーションを得て命名させていただいた。お2人とも普段は口数こそ少ないものの、たまに発する短い言葉の節々にユーモアと風刺をさり気なく効かすセンスを持っている。出版社の編集スタッフとともに彼らのタイトル案を最初に見たとき、思わず「なるほど……」と唸ってしまった。

また、慌て者の私が書いた文章にはチェックと推敲が不可欠であるが、これを買って出てくれた同社の高橋砂衣さん。彼女は速読の達人で、たった数十分ですべての原稿を通読し、修正箇所をいくつも洗い出してしまう能力の持ち主だ。

そして何より、執筆者としてまだまだ駆け出しの私を、これまで根気強くサポートしてくださった総合法令出版の田所陽一さんと古森綾さん。

こうしたみなさんのご協力とご好意によって、本書は成り立っている。

本書の出版にお力添えをいただいた関係者の皆様、そして本書を最後までお読みいただいた読者の皆様に心から感謝しつつ、3カ月にわたる執筆活動をここに締めくくらせていただきたい。

平成21年　8月　柳楽仁史

【著者紹介】

柳楽仁史（なぎら・ひとし）

株式会社船井総合研究所 執行役員 事業推進室長
関西学院大学商学部卒業。1992年船井総合研究所に入社。組織運営本部、ライン統括室などを経て現職。現社長・小山政彦の政策秘書を務めるほか、船井総研のオフィシャルサイトの構築・運営、若手コンサルタント育成講座「フナイ・コンサルティングアカデミー（FCA)」の運営など、内部マネジメント業務の責任者を歴任する。その傍ら経営コンサルタント業務にも従事、幹部社員教育、社内体制整備、業務プロセス改善などの分野を得意とする。主に不動産業界に多くの支援先を持つ。
著書に『デキる社員は社長を使う！』『ビジネススクールでは学べない取締役の教科書』『フナイコンサルティングマニュアル』（編集責任者）（いずれも総合法令出版）などがある。

【監修者紹介】

川口雄一郎（かわぐち・ゆういちろう）

株式会社 明和不動産 代表取締役
全国賃貸管理ビジネス協会 副会長
社団法人全国賃貸住宅経営協会 専務理事
財団法人日本賃貸住宅管理協会 副会長
1952年生まれ。熊本県出身。大学を卒業後、1973年に実家が経営する株式会社文明建設に就職。8年間の勤務を経て、1981年、明和不動産を創業。1986年4月1日より法人化し、株式会社明和不動産の代表取締役に就任、現在に至る。全国賃貸管理ビジネス協会では、副会長・理事・新商品新事業開発委員長・九州支部長など、数々の要職を務めている。好きな言葉は「バランス感覚」。

EYE LOVE EYE

視覚障害その他の理由で活字のままでこの本を利用出来ない人のために、営利を目的とする場合を除き「録音図書」「点字図書」「拡大図書」等の製作をすることを認めます。その際は著作権者、または、出版社までご連絡ください。

不動産会社はワインを売れ！

今すぐ客単価を伸ばせる新発想

2009年9月11日　初版発行

著　者　柳楽仁史
監修者　川口雄一郎
発行者　野村直克
発行所　総合法令出版株式会社
〒107－0052　東京都港区赤坂1-9-15 日本自転車会館2号館7階
電話　03-3584-9821（代）
振替　00140-0-69059

印刷・製本　中央精版印刷株式会社

落丁・乱丁本はお取替えいたします。
©Hitoshi Nagira 2009 Printed in Japan
ISBN 978-4-86280-191-5

総合法令出版ホームページ　http://www.horei.com

総合法令出版の好評既刊

フナイコンサルティングマニュアル

船井総研のコンサルティングノウハウの集大成。創業者・船井幸雄が長年培ってきた「船井理論」、マーケティング理論を数学的にルール化した「数理マーケティング」、さらに約 400 人の経営コンサルタントたちが編み出した様々な販売促進やマーチャンダイジングのノウハウを余すところなく公開。現役コンサルタントの「業務手引書」、経営者やビジネスマンの「業績向上と問題解決の参考書」「社員教育教材」に最適！（三分冊セット、ケース入り）

小山政彦・監修　船井総合研究所・著　定価（本体価格 5,000 円+税）

総合法令出版の好評既刊

デキる社員は社長を使う!

社長の不可解かつ理不尽な行動や命令には、実は経営者としての社長の深い考えが隠されている。しかし、多くの社員はその真意を汲み取れず不満を持っている。社長の考えを社員がもっと理解すれば、会社もうまくいくし、結果的に自分の出世にもつながる。言い換えれば、「社長にうまく仕える」のではなく、「社長をうまく使える」ことがデキる社員の条件なのである。幹部社員あるいは幹部をめざす社員は必読!

柳楽仁史　著　定価(本体価格 1,300 円+税)

総合法令出版の好評既刊

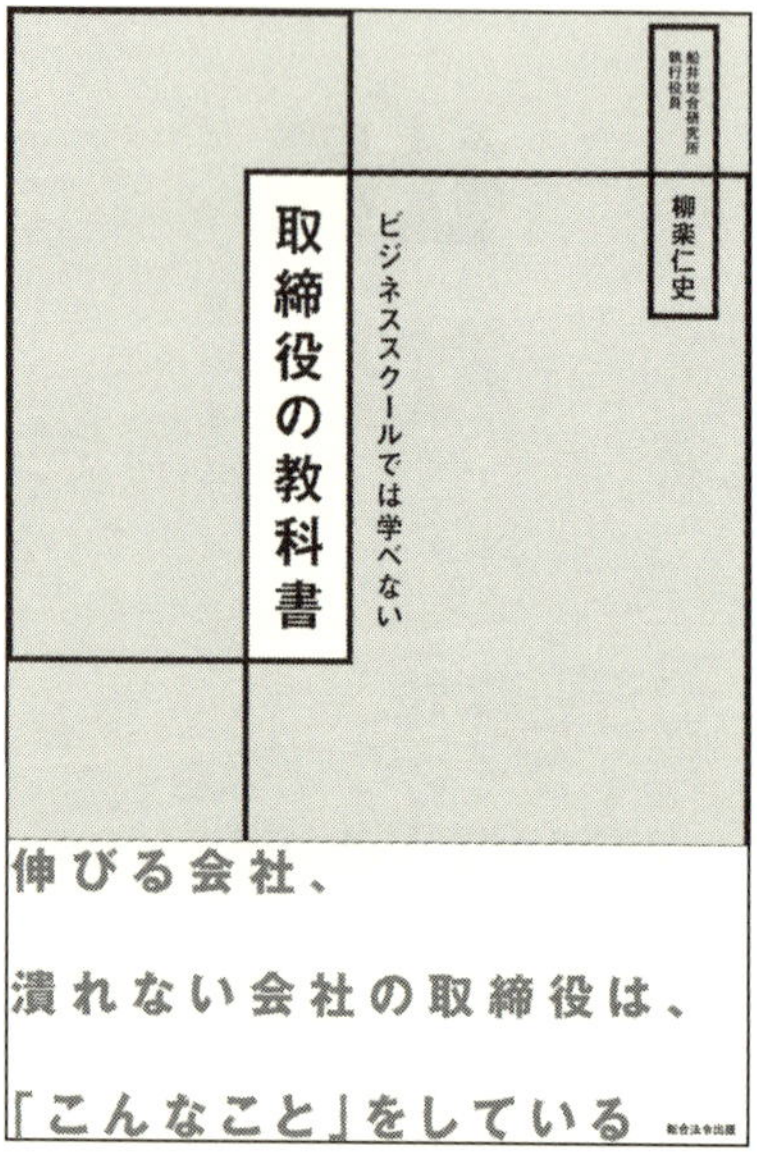

ビジネススクールでは学べない
取締役の教科書

取締役は「経営責任」が問われるという意味で、法的に単なる管理職とはまったく異なる存在である。本書は企業の中で「取締役」が果たすべき役割や責任、管理職が取締役になった途端に陥りがちな錯覚、トップ（代表取締役）との人間関係のあり方、取締役に求められる教養・スキルなどについて具体例を挙げながら解説。これから取締役をめざす人やすでに取締役に就任している人はもちろん、経営者が自社の取締役に読ませるテキストとしても有用である。

柳楽仁史　著　　　**定価（本体価格 1,500 円+税）**